イスラム教再考

18億人が信仰する世界宗教の実相

飯山 陽
Akari Iiyama

はじめに——イスラム研究者が拡散させた「誤ったイスラム像」

ヨーロッパで進む社会の「イスラム化」

日本ではここ10年来、ヨーロッパではそのはるか以前から、メディアや「リベラル」を自称する知識人は「多様性のある社会」「多文化共生」という理念を掲げてきました。彼らは、「外国人移民や難民を多く受け入れれば、その社会はより豊かになり活性化し、持続的に発展する」とさかんに吹聴してきました。

しかし、20世紀後半以降多くの移民、難民を受け入れたヨーロッパでは、「多様性のある社会」の代わりに「イスラム化の進んだ分断社会」が生まれ、伝統的社会は破壊されました。なぜなら新たにヨーロッパに住み始めた外国人の多数派がイスラム教徒であり、彼らの多くはヨーロッパの近代的価値観を受け入れることなく、イスラム的価値観を堅持したからです。

メディアやリベラル知識人は、「イスラム教徒も近代国家に暮らせば必ず近代的価値観を受け入れる」「時が経てば宗教などという前近代的なものは棄て去り、その国の文化に同化する」と主張してきました。しかしそれはウソだということを、私は拙著『イスラム2・0』（河出新書、2019年）で論じました。実際にヨーロッパでは、メディアやリベラル知識人の楽観的見通しとは全く異なる現実が展開されています。

なぜならイスラム教徒にとっての正しさの基準は、人間理性ではなく「神の意志」にあるからです。彼らは、神の意志を絶対とするイスラム的価値観は人間理性を絶対とする近代的価値観より優れており、ゆえにイスラム教徒は欧米人よりも道徳的に優位にあると信じています。ですからいつまで経っても宗教を棄て、神を棄てて「進歩」することなどないのです。

イスラム教徒は私たちと「オンナジ」ではありません。「全然違う」のです。

ヨーロッパではイスラム教徒移民が増加するにつれ、二つの価値観の矛盾が様々な問題となって噴出し、並行社会が出現し、既存の社会の解体が進みました。治安の悪化により女性や子供が自由に外出することができなくなった地域もあれば、レイプ被害を避けるため露出の多い服を着たり、一人で外出したりしないよう女性に呼びかける自治体もあります。警察や行政はイスラム教徒の犯罪を取り締まることにより「ヘイトだ！」「差別だ！」とレッテルを貼られるのを恐れ、それを見逃したり隠蔽したりするようになりました。その結果、治安の悪化はますます加速し、自由が顕著に失われています。

しかし日本ではいまだにリベラル知識人が、「多様性こそが発展と繁栄をもたらす」というスローガンを吹聴し続けています。その一翼を担うのがイスラム研究者です。

拡散されるイスラム研究者の欺瞞

日本のイスラム研究者は日本や欧米、そして現在の社会制度や国際秩序を批判し、それにとって代わるべきはイスラム教だ、つまり「イスラームこそ解決」だと主張しています。彼らはイスラム教についての客観的知識を一般の人々に伝える代わりに、自らの肩書と立場、それに本来研究対象であるはずのイスラム教を利用し、都合のいいように事実をねじ曲げ、反体制、反米、親イスラムという自らの政治イデオロギーを日本社会全体に浸透させようとしています。

日本で「イスラムは平和の宗教」「イスラムは異教徒に寛容な宗教」といった「通説」が広まっているのは、イスラム研究者の欺瞞ゆえです。彼らは日本人に「イスラームこそ解決」と思わせるため、イスラム教の都合の悪い側面を隠蔽し、イスラム教を極度に理想化したかたちで一般人に提示してきました。

そしてイスラム研究者の欺瞞は、メディアや他分野の研究者などを介して社会に拡散されています。

日本のイスラム研究の第一人者とされる同志社大学元教授の中田考《こう》は『一神教と戦争』（集英社新書、2018年）で、「西欧にもたくさんイスラーム教徒がいるという形になったほうが、相対的には平和が守れるし、大規模テロが起こりにくいようになる」と述べ、対談相手の東京工業大学名誉教授で社会学者の橋爪大三郎は「その点はそうでしょうね」と納得していま す。

この発言は、イスラム教徒が増加した結果、西欧で政治的、経済的、文化的な問題が多発し、治安が悪化しテロが増加し、社会の解体が進んだという現実と乖離《かいり》しています。

西欧最大のイスラム教徒人口を擁する国はフランスであり、在仏イスラム教徒は国民の1割前後、約600万人と推計されます。オーストラリアを拠点とするシンクタンクの経済平和研究所が2020年11月に公開した最新の世界テロ指数（GTI）によると、フランスでは2014年から2019年までの間に、「イスラム国」関連のテロで255人が死亡しており、これはアメリカを含む西側諸国全体で「イスラム国」関連テロにより死亡した人の半数以上にあたります。

フランスでは現在も2000人以上のイスラム教徒がテロの直接的脅威、さらに2万人以上がその共犯の可能性があるとして諜報当局の監視対象となっています。政治アナリストのジェローム・フルケはフランス世論研究所 Ifop の世論調査をもとに、在仏イスラム教徒の

1割以上にあたる75万人が過激なイスラム主義イデオロギーに共感を示していると述べています。これがイスラム教徒の急増した先進国の現実です。

ところが中田がイスラム研究の「権威」とされているがゆえに、中田発言は橋爪のような他の分野の研究者にも鵜呑みにされ、そのまま「正しい」ものとして広まっています。

「リベラル」を自称する「活動家」たち

我々は世の中を変えなければならない――。

こう強く主張し、現在の社会や既存の制度、秩序、伝統、文化（生き方や生活様式）を批判する人が、テレビや新聞、雑誌、インターネット上には多く存在しています。ここでは仮に、こうした人々のことを「活動家」と呼ぶことにします。

活動家には共通する手法があります。

第一に活動家は、人々の不安や不満を煽ります。「日本は格差が蔓延《はびこ》り、弱者が差別され、男尊女卑で、独裁者が支配する最低最悪な国である上に、失業者や貧困者、自殺者が増加し、衰退の一途を辿っている」「財政破綻するかもしれない」「戦争になり徴兵制が復活するかもしれない」などと不安要素を並べ、人々を動揺させ、「もうダメかもしれない」と思わせます。

次に活動家は、「あなたが貧しかったり思い通りの人生が送れなかったりするのは、あなたのせいではなく社会や政治のせいなのだ」と言い聞かせます。その一方で、「それはあなたが女だから」「派遣だから」「ＬＧＢＴだから」「外国人だから」などといってその人の属する集団のせいにし、そこに属している以上あなたは必ず差別されるのだから、いくら努力しても自力では決して成功できないのだと被害者意識を刷り込み、人々からやる気や自己肯定感を失わせます。

このようにして活動家は、不幸で惨めで強い被害者意識を持つ人々を大量に生み出し、よりよい人生を送りたいならば、「我々と一緒に社会を変えよう」と人々に呼びかけ、我々が導く進歩の先には必ず「地上の楽園」があると断言します。

活動家は様々な肩書をまとって私たちの前に現れます。彼らは政治家だったり、大学教授、ジャーナリスト、弁護士、起業家だったりします。彼らは概ね「リベラル」を自称します。

日本のメディアには基本的に、現在の社会を批判し変革を求めるリベラル知識人しか登場しません。戦後の日本では、急速な近代化によって生じた社会的矛盾や問題をマルクス主義に基づいて批判する反体制的左翼知識人こそが知識人だ、とされてきたからです。彼らはいつの間にか「リベラル」と呼ばれるようになり、現在に至ります。

名づけの効果というのは侮れません。「左翼」や「マルクス主義者」と聞けば警戒する人も、「リベラル」と聞けば多くの場合よい印象を持ちます。「リベラル」という言葉からは、よりよい未来を作り出してくれそうな雰囲気が醸し出されるからです。このように現実と背馳《はいち》する詭弁的名づけを恣意的に行うのも、メディアの得意技です。

そもそもなぜ私たちは、リベラル知識人の意見に耳を傾けるのでしょうか。それはおそらく私たちが、社会を支配する様々な専門的知識について自らの無知を自覚しているからです。あるいは自らの中に、ものごとを判断する基準を持ち合わせていないからです。

ではもし彼らが、ウソをついていたらどうでしょう。専門的知識を伝えるふりをして、特定のイデオロギーを刷り込むためのウソを吹聴していたら、つまり彼らの実態が活動家だったなら、私たちは彼らに騙され印象操作されていることになります。

少し前の時代であれば、私たちは印象操作されていると自覚することすら困難でした。しかしインターネットの発達により、メディアや知識人だけが情報や発信を独占する時代は終焉し、一般人であっても彼らのウソや欺瞞を暴くことが可能な時代が到来しました。

今こそ私たちはリベラル知識人の意見を鵜呑みにするのをやめ、「体制を批判し、国や社会を呪うことが果たして絶対的正義なのか？」と問い直してみるべきです。自分を認めてくれない国、甘やかしてくれない社会に復讐心を燃やしたところで、何か一つでも良いことはあるのでしょうか。私たちはそのような呪詛《じゅそ》によって、幸せになれるのでしょうか。

幸せな人や成功者は、自分の幸せや成功の原因を国や社会に求めたりはしません。だから活動家は必ず不幸な人や失敗者に忍び寄り、「それは全部社会のせいなのだ」と吹き込みます。活動家は弱者に寄り添うふりをして弱者を利用し、自らの政治的目的を果たそうとします。彼らは弱者を対等な人間として尊重しているようでいて、実は見下しているのです。活動家に扇動された人は一時的には自己肯定感を得ることができるかもしれませんが、不幸や失敗から抜け出す気力を失い、結果的に負のスパイラルに陥ります。

「ポリティカル・コレクトネス」による社会の分断

リベラル知識人の中にはマルクス主義の強い影響を受け、革命を標榜したりそれを匂わせたりする人が少なくありません。

革命、つまり今ある社会の抜本的変革や体制転換が実現されるためには、多くの人々が、「今の社会では決して人間らしい豊かな生活などできない」と絶望し、自分たちの困窮は特定の「犯人」によってもたらされていると信じ込む必要があります。「資本」をその犯人とし、資本主義制度においては資本家と労働者の階級対立が必然的に革命をもたらす、と考えるのがマルクス主義です。

ところが高度経済成長を経た結果、日本人の大多数は自分を「抑圧され困窮する労働者」などではなく、努力次第で豊かな生活ができる中流階級だと認識するようになりました。内閣府が2018年に実施した世論調査では、「現在の生活に対する満足度」について国民の74・7%が「満足」と回答しており、1963年に同調査が開始されて以来最高となりました。かつては年間3万人を超えていた自殺者も、2019年には2万169人にまで減少しました。

社会が繁栄、安定し人々が満足するようになると、困るのは活動家です。そこで彼らが新たに見つけ出した争点が差別、ジェンダー、フェミニズム、環境、第三世界論、LGBTなどです。彼らはこれらの争点から社会を批判し、政治的正しさ（社会正義実現のためには弱者やマイノリティに対する差別や偏見、およびそれに立脚した制度や表現が是正されねばならないという考え方。ポリティカル・コレクトネス、略して「ポリコレ」）を「武器」に社会の分断を図ります。

革命は必ずしも暴力的である必要はありません。人々の間に生じた不和から社会が分断し、既存の制度や秩序が破壊され、家族が解体し、伝統文化が消滅すれば、国家は自ずと弱体化して崩壊し、革命は成就するでしょう。

活動家は、社会正義実現には「真に自由で平等な社会」への変革が必要なのだとも主張します。

しかし、かつて「真に自由で平等な社会」という共産主義の理念の実現を目指したソ連や中国、東欧諸国、カンボジアなどでは、指導者が法治を無効化して私有財産を没収し、知識人を粛清し、大衆を強制移住させて強制労働に従事させ、飢餓に陥れ、敵対者を容赦なく虐殺しました。そして「平等」の名の下に夢や向上心を奪われた無気力な人々が社会に溢れました。フランスの歴史家S・クルトワは『共産主義黒書〈ソ連篇〉』（ちくま学芸文庫、2016年）で、世界の共産主義運動による死者数を約1億人としています。これが共産主義の現実です。

他方、民主主義を採用し資本主義を実践した日本では、人々は一定の豊かさを手に入れました。少なくとも共産主義を目指した諸国のように、夥《おびただ》しい数の一般人が独裁者により殺戮されるようなことは起こりませんでした。資本主義は完全なシステムではありませんが、これまで着実に貧困という社会悪を削減し、世界を少しずつ住み良いものにしてきました。これも歴史がすでに証明した現実です。

こうした現実を踏まえぬまま活動家の語る理念を信じると、私たちは私たちが大切に守ってきた日本という国や固有の伝統や文化、治安のよさや穏やかで便利な生活、大切な家族や友人、仲間との絆などを失う可能性があります。なぜなら活動家の目的は、それらの全てを破壊し、別のものへと置き換える革命である可能性があるからです。

イスラム主義者と連帯するリベラル知識人

先進諸国のリベラル知識人の中にも、日本のイスラム研究者のようにイスラム教を過剰に美化して称賛し、イスラム教による世界征服を目指すイデオロギーを掲げる「イスラム主義者」と積極的に連帯する人が多くいます。

フランスの哲学者でフランス国立科学研究センター（CNRS）の研究部長でもあるピエール＝アンドレ・タギエフは『新しいユダヤ嫌悪症（*La Nouvelle judéophobie*）』で、リベラル知識人とイスラム主義者の癒着、同盟を「イスラム左翼主義 Islamo-gauchisme」と呼びました。そのルーツは、1968年に左翼が提唱した移民労働者の擁護に関する議論にあるとされます。

同じくフランスの哲学者パスカル・ブリュクネールは『罪悪感の暴虐（*La tyrannie de la pénitence*）』で、左翼はイスラム教が社会不安を煽る可能性を認識し、既存社会の破壊という目的達成のために利用価値があると踏んだからこそ一時的にイスラム主義者と同盟を組んだのだと指摘、イスラム左翼主義について「イスラム教の尾ひれにつかまって歴史のゴミ箱から自分たちを引きずり出そうとする、腐りかけ脳死したマルクス主義者たちの必死の試み」と述べました。

なおフランスのベストセラー作家M・ウェルベックも小説『服従』（河出書房新社、

２０１５年）の中でイスラム左翼主義について、「マルクス主義が解体し腐りかけて瀕死の状態にある現在、イスラームの台頭するチカラを借りて歴史のゴミ箱に入れられるのを遁れようとする絶望的な試み」と描写しています。

例えばアメリカの哲学者でフェミニストとして知られるジュディス・バトラーは２００６年の講演会で、「（イスラム過激派武装組織）ハマスやヒズボラを進歩的で左翼的な社会運動にしてグローバルな左翼の一部であると理解することは非常に重要である」と明言しました。

英労働党党首だったジェレミー・コービンは２００９年、そのハマスとヒズボラを「友達」と呼び、２０１５年にはアルカイダ創設者であり米同時テロ事件の首謀者であるオサマ・ビンラディンが米軍の作戦により殺害されたことを「悲劇」と言いました。

彼らにとって、イスラム過激派は明らかに仲間なのです。

フランスのジャン＝ミシェル・ブランケール国民教育相は２０２０年10月、イスラム左翼主義は大学で大混乱を引き起こしているだけでなく、社会に浸透しすぎていると警鐘を鳴らしました。

教育やメディア、政治の世界に浸透したイスラム左翼主義は、フランスの伝統的価値を否定し、社会に混乱と不和を引き起こしているだけでなく、多発するテロの元凶にもなっているとフランス当局は認識し始めています。

日本やフランスだけでなく世界中で、イスラム研究者は「イスラムは平和の宗教」といったウソを吹聴し、メディアがそれを広め、政界、経済界がそれを利用しています。

重要なのは、このウソから利益を得るのはイスラム研究者や、外国人労働者という安い労働力を利用できるグローバル企業や、そこから広告収入を得るメディアや、人々の不満や不安を煽ることで己の支持の拡大を図る政治家などの「特別な人々」のみであり、一般の人々は損しかしないという点です。

グローバリストは自身の利益の最大化だけに関心があるので、日本が破壊され日本人が消滅しようと気にも留めません。彼らにとっては、円滑な商売の障壁となる国境などない方が好都合です。外国人労働者流入により日本人労働者の賃金が下がればグローバル企業の利益は増大する一方、競争が苛烈化し格差が拡大することで一般の人々の不安や不満は高まります。不安や不満を原動力にする活動家にとっても、これは好都合です。リベラル知識人が軒並みグローバリストでもある背景には、こうした理由があるのです。

しかし、ヨーロッパの人々は近年になり、この種のウソに気づき始めました。

独シンクタンクのベテルスマン財団が2019年に行った調査によると、調査対象となったドイツ人の過半数が「キリスト教、ユダヤ教、ヒンドゥー教、仏教は社会を豊かにする」と回答した一方、「イスラム教は社会を豊かにする」と回答した人は3分の1にとどまりました。さらに半数以上がイスラム教は脅威だと回答し、イギリスとフランスでも40%、スイスでも50%の人がイスラム教は脅威だと回答しました。

Ifopの2020年9月の調査では、対象となったフランス人の61%が「イスラム教はフランスの価値観とは相容れない」と回答しています。また預言者ムハンマドの風刺画に対するイスラム教徒の怒りに共感すると回答した人は、2006年には36%でしたが、2020年には29%と減少し、逆に同風刺画の公開は表現の自由の下で「正しい」と回答した人は2006年には38%でしたが、2020年には59%と過半数を超えました。

Ifopの翌10月の調査では、対象者の89%が「テロの脅威は高い」、87%が「現在のフランスでは世俗主義が危機に瀕している」、79%が「イスラム教はフランス共和国に宣戦布告した」と回答しています。

今やヨーロッパの人々の多くが、イスラム教を問題だと認識しているのは明らかです。損をするのは自分たちだという実感と経験を経て覚醒した人々はウソに騙されなくなり、メディアや知識人の信頼性はかつてないほど失墜しました。

しかし社会にはすでに大きな分断が生じ、かつてあった風景、伝統文化は大幅に失われてしまいました。人口に占めるイスラム教徒の割合は今も急増を続けています。ヨーロッパ諸国が内に抱え込んだイスラム教徒移民によって自滅していくさまを詳述したのが、ダグラス・

マレー『西洋の自死』（東洋経済新報社、2018年）です。

日本を「第二のヨーロッパ」にしないために

イスラム研究者やメディアが広めてきた「イスラムは平和の宗教」といった言説が腑に落ちない人や、現実との辻褄が合わないことにモヤモヤしている人は、日本にも多くいるはずです。

本書の目的は、イスラム教を徹底的に再考することを通してイスラム研究者のウソと欺瞞を暴き、真実を詳《つまび》らかにし、イスラム教徒とのあるべき共生の道筋を示すことにより、日本が「第二のヨーロッパ」となるのを阻止することです。

しかし言うまでもなく、中国当局によるウイグル人迫害のように、ある人がイスラム教徒だという理由のみで信仰や身体の自由を奪うような政策を容認することはできません。米トランプ政権は2021年1月、中国当局によるウイグル人迫害を、国際法上の犯罪であるジェノサイド（大量虐殺）に認定しました。

また私は、日本からイスラム教徒を排斥せよ、日本にイスラム教徒を入れるな、という非現実的な考えも持っていません。在日イスラム教徒はすでに23万人いるとされます。またイスラム教徒に限らず、今後ますます多くの外国人が日本を訪れたり、日本で暮らしたりする流れが不可避だからこそ、法治を徹底すべきだ、というのが私の揺るがざる基本的な考えです。

移民を大量に受け入れたドイツのメルケル首相は2010年、「多文化社会を築き、隣り合って暮らし、互いの文化を享受するというアプローチは、言うまでもなく失敗しました。完全な失敗です」と認めた上で、だからこそ同化が極めて重要であり、移民はドイツの法と制度に従いドイツ語を学ばなければならないと強調しました。メルケルは「多文化主義は並行社会につながる、つまり多文化主義は壮大な妄想なのです」とも述べています。

フランスのマクロン大統領も2020年、フランスのモデルは「普遍主義であり多文化主義ではない」と述べ、法治と世俗主義によってイスラム教徒をフランス国民として統合する必要性を強調しています。

イスラム教徒は、どこであれ神の法たるイスラム法に従わなければならないと信じる人々です。そう信じるのは彼らの自由です。しかしもし彼らが日本に暮らすならば、日本の法と制度に従わなければなりません。彼らが違法行為を犯したなら、それがたとえイスラム法において許容される行為であろうと、日本の法が執行されねばなりません。これは差別ではなく法治の基本です。

ところが日本の活動家は、違法行為を行ったのがイスラム教徒である場合、当人の違法行為を不問に付し、逆にその行為を取り締まった主体や被害者に対して「差別だ！」とレッテルを貼ります。

毎日新聞は2020年5月、渋谷でクルド人が警察に拘束されたことに対し、渋谷警察署前で「外国人を差別するな！」と声を上げる、数百人規模の抗議デモが発生したと報じました。記事によると、当該クルド人は「外国人というだけでひどいことをされた。外国人だから、話も聞かずに乱暴することが許されていいのでしょうか」と主張しました。

しかし警察は、交通違反をした人物に対して適切に法を執行したにすぎないと述べており、産経新聞は当該デモには警察が極左暴力集団と認定する組織も参加していたと報じました。

適切な法の執行に対し、当該者が外国人イスラム教徒だからという理由だけで警察に批判の矛先を向け差別のレッテルを貼るのは、ポリコレ時代の典型的な活動家の手口です。公共の場で「差別だ！」とレッテルを貼られれば、誰でもひるみ、萎縮します。警察が萎縮し法の執行を躊躇するようになれば、法治は崩壊し治安が悪化します。

こういった事態が続けば、一般の人々も「外国人やイスラム教徒を少しでも批判すれば自分の人生が危うくなる」と考え、彼らとは距離を置き、何事も見て見ぬふりをし、自らが被害者になっても泣き寝入りをするようになるでしょう。

法治の崩壊、治安悪化、自由の喪失といった被害を被るのはもちろん一般の人々です。富裕なグローバリストや政治家、知識人は治安のいい高級住宅地で警備員を雇って暮らせばいいのですから、そんなことは意に介しません。

国際情勢も国内情勢も日々急速に変化する中、日本から伝統的文化や法治、自由が失われ、日本という国家が破壊され、日本人が消滅するのを防ぐには、私たち一人ひとりがリベラル知識人を装う活動家のウソに騙されないこと、活動家の煽り文句や美しい理念にうっかり釣られたりせず、事実を見極め、冷静に考えて判断し、行動することが何よりも肝要です。

本書がその目的に、わずかでも貢献できれば幸いです。

なお、本書では人名について本文中の敬称は全て省略させていただき、肩書は基本的に記述当時のものであることをお断りしておきます。

目次

イスラム教を怖いと思うのは無知が原因?/イスラモフォビア(イスラム恐怖症)批判/政治的武器としてのイスラモフォビア/イスラム教を怖いと思っただけで犯罪認定/イギリスで加速するイスラモフォビアへの法規制/仏大統領を精神病扱い/日本でも広がる「イスラム教は怖い=差別」の風潮/イスラム・ファシズムとの闘い

第八章 「飯山陽はヘイトを煽る差別主義者」か……223

日本のイスラム研究業界の不文律/「ニセ学者」のレッテル/論証❶「『イスラム国』のイスラム教解釈は間違っていない」について/論証❷「インターネットで増殖する『正しい』イスラム教徒」について/論証❸「人口増加でイスラム教徒を増やす『ベイビー・ジハード』」について/論証❹「『地元のゴロツキ』が自爆テロに走るのは『洗脳されたから』ではない」について/論証❺「娼婦は認めないが女奴隷とはセックスし放題」について/論証❻「レイプの被害者は『姦通』でむち打ちされる」について/論証❼「手首切断も石打ち刑も世論の大半が支持」について/インターネット上の誹謗中傷/アメリカ・イスラム関係評議会(CAIR)の手口/日本のイスラム研究者が本当に守りたいもの

第一章　「イスラムは平和の宗教」か

「イスラム教は平和の宗教」論の広まり

日本では一般に、「イスラムは平和の宗教」と言われています。

橋爪大三郎は『世界は宗教で動いてる』（光文社新書、2013年）で「イスラム教は平和のための宗教」と述べ、ニュース解説サイト「ＴｈｅＰａｇｅ」の「イスラム教とは何だろうか」という記事でも「『イスラム』は平和という意味」と説明しています。

数多くの著書やテレビ出演で知られる池上彰も『考える力がつく本』（プレジデント社、2016年）で「イスラム教はもともと、平和を愛する穏健な宗教です」と述べ、『池上彰の世界の見方　中東』（小学館、2017年）でも「『イスラム』とはアラビア語で『平和』や『平安』を意味する『サラーム』という言葉から生まれました」と説明しています。

イスラム研究者も、彼らと同じ主張をしています。

日本のイスラム研究の第一人者とされる中田考は「イスラームの世界観と宗教対話」(『民と神と神々と』所収、関西学院大学出版会、2004年)で、「イスラームというのは、もともとはアラビア語のサラーム、『平和』という言葉があるのですが、この言葉から派生するもので、相手を平和にするという、他動詞化するのです」と述べています。

現代イスラム研究センター理事長の宮田律《おさむ》も『現代イスラムの潮流』(集英社新書、2001年)で「アラビア語の『イスラム』という言葉は、『平和』を意味する『サラーム』という言葉から派生している」と述べ、『イスラムの人はなぜ日本を尊敬するのか』(新潮新書、2013年)では、イスラムは「『平等』『公正』『弱者の救済』『平和』を求める宗教」と述べています。

『週刊新潮』で女子学生を洗脳し不倫関係になったと報じられ、2017年10月に慶應義塾大学を諭旨退職処分となった元教授、奥田敦は2014年12月に北海道新聞に掲載された記事で「一部のイスラーム教徒が暴走し、正義と平和と思いやりの宗教であるイスラームのイメージが著しく損なわれている」と述べています。

「イスラムは平和の宗教」論の流布は、日本だけではなく世界中にみられます。これが急速に広まったのは、イスラム過激派組織アルカイダが実行した2001年9月11日の米同時多発テロ事件以降のことです。

当時米大統領だったジョージ・W・ブッシュは同事件から1週間後、「イスラムは平和の宗教」と演説し、その後ことあるごとにこれを繰り返し、「この平和を愛する宗教は単に過激派にのっとられてしまっただけなのだ」と擁護しました。

イスラム教徒が同時テロの実行犯だったからといって、無関係なイスラム教徒が攻撃されるようなことがあってはなりません。またテロとの戦いにおいてはイスラム諸国との連携、協力が必須だという配慮もあったことでしょう。しかし、だからといって、これをマントラの如く繰り返すのが妥当だったと安易に結論づけることはできません。

ブッシュに次いで大統領となったバラク・オバマは、2014年6月にイラクとシリアの一部を占拠した「イスラム国」がカリフ制国家樹立を宣言するとこれをいっそう強調し、2014年9月の国連総会でも「イスラムは平和の宗教」と演説し、2015年2月にはロサンゼルス・タイムズ紙に自分は「イスラムの真に平和的な本質」を擁護すると寄稿しました。

外務省「イスラム研究会」設立

日本で「イスラムは平和の宗教」論が広まり始めたのは、実は同時テロ以前のことです。

2000年3月、当時外務大臣だった河野洋平は「イスラムについて十分に理解を深めておくことが日本外交を展開していく上でも重要」という認識に基づき、外務省「イスラム研究会」を設立しました。板垣雄三、山内昌之、後藤明、佐藤次高という四人の東京大学教授が中心メンバーとされ、他にもイラクやエジプトで大使を歴任した大東文化大学国際関係学部教授の片倉邦雄や放送大学助教授の高橋和夫、山口大学助教授の中田考（肩書はすべて当時）らが招かれました。

公開記録によると、第6回研究会で片倉邦雄が「まず第1に、イスラムの平和に対する基本原則は確かに間違いなく、テロや暴力主義を肯定するものではないことは明らかである」と述べ、「21世紀の日本とイスラムの関係強化に向けた政策目標（試論）」には、次のように記されています。

イスラムについては「イスラム脅威論」のような捉え方があり、イスラムは「好戦的な要素を持つ宗教」であるという偏ったイメージさえあるが、これは西欧における旧い伝統的な考え方が尾を引いているものである。しかし、実際、イスラムは他の宗教やイデオロギーと同様、多数派は平和を愛好する人々から成っている。

ここではイスラム教の話が急にイスラム教徒の話にすり替えられ、イスラム教徒の多数派は平和を愛好しているから「イスラムは平和の宗教」なのだという詭弁が弄されています。「イスラムは平和の宗教」論者に共通するのは、根拠なくそれを自明の真理としている点です。この言説は客観的、学術的なものではなく、明らかに高度に政治的なものなのです。

イスラム教における「平和」とは

しかし政治的文脈から離れイスラム教の教義や歴史を検証すると、その信憑性が極めて疑わしいことが明らかになります。

第一にイスラム教における「平和」は、私たちが通常考える平和とは全く異なります。

一般的に平和というのは戦争のない状態を意味しますが、イスラム教は全世界がイスラム法によって統治された時に初めて平和がもたらされると考えます。平和という言葉は客観的な意味を持っており世界中どこでも共通だ、というのは幻想です。

イスラム教の啓典『コーラン』第8章39節には、「騒乱がなくなるまで、そして宗教のすべてが神のものとなるまで戦え」と明示されています。イスラム教徒は、『コーラン』の一字一句を神の言葉そのものと信じます。これはイスラム教の根幹をなす教義であり、これを否定する者はもはやイスラム教徒とはみなされません。

アヴエロエスの名で知られる中世イスラム世界の思想家イブン・ルシュド（1198年没）

は、イスラム法学者（神の法とされるイスラム法を解釈する専門家）はこの章句に基づき、全ての多神教徒が戦いの対象である旨で合意していると述べています。高名なイスラム法学者イブン・タイミーヤ（１３２８年没）も、イスラム教徒は宗教の全てが神のものとなるまで不信仰者と戦い続けなければならないと述べています。

全人類がイスラム教徒になるかイスラム統治下におかれれば平和になる、というのがイスラム教の論理です。ですからたとえ今現在戦争が行われていなくても、イスラム教による世界征服がいまだ実現されていない以上、イスラム教的には平和ではないのです。

中田考は『一神教と戦争』で、「私自身としては戦争のない平和な世界がいいとは必ずしも思っておりません」と明言しています。さらに、「これまでのような戦争は絶対悪だという言い方ではなく、もっとリアルに現実を認めた上で、その中で適用可能な理念をもう一度再構築しないといけない」とも述べています。

中田が目指すのはカリフ制再興、つまり「イスラム革命」です（詳細は第二章）。そのためには戦争が必要です。だから中田は戦争を肯定するのです。

イスラム教を革命イデオロギーとみなす考えは、例えばインド生まれの思想家マウドゥーディー（１９７９年没）の著作にはっきりとみてとれます。『イスラム教におけるジハード（*Jihad in Islam*）』には、「イスラム教は全世界の社会秩序を変え、自らの教義と理想に沿って社会秩序を再構築しようとする革命的なイデオロギーである」といった革命思想が記されています。

マウドゥーディーは、次のようにも述べています。

イスラム教のジハードの目的は、非イスラム的なシステムの支配を排除し、イスラム的国家支配のシステムを確立することである。イスラム教は単一の国や少数の国々に限定された革命ではなく、普遍的な革命をもたらすことを目的としている。

しかし中田は、マウドゥーディーのようなイスラム革命思想を唱え戦争を肯定する一方、2015年3月の「東洋経済オンライン」のインタビューでは「イスラームは好戦的ではない」と述べています。明らかに自己矛盾しています。

中田をはじめとするイスラム擁護論者が、時と場合に応じて矛盾した言説を臆面もなく口にするのはおそらく、それは許容されると信じているからです。

預言者ムハンマドは「戦争とは欺瞞である」と言ったと伝えられているように、イスラム教の教義は状況次第で信仰を隠したりウソをついたりすることを許容します。

イスラム史上最大の思想家とされるガザーリー（1111年没）は、「話すことは目的達成のための手段である。（略）ウソをつくことによってある善い目的が達成されるが、真実を語ることによってでは達成されない場合、ウソをつくことは許され、その目的が義務である場合にはウソをつくことは義務となる」と述べています。

イスラム法理論には、「目的は手段を正当化する」という重要な法諺《ほうげん》もあります。

『コーラン』注釈者や歴史家として知られるタバリー（923年没）も、「もしあなたがた（イスラム教徒）が彼ら（異教徒）の権威の下で自分の身を案じるならば、彼らに対して内心では敵意を抱いていても、舌では彼らに忠実に振る舞えばいいのである」と記しています。面従腹背も状況次第で認めるのがイスラム教です。

第二に、イスラムという語は確かに平和を意味する「サラーム」という語と同じ三語根 SLM から派生していますが、イスラムという語の中に平和の意味は全くありません。イスラム ISLAM という語は動詞 SALIMA の第四形 ASLAMA の動名詞形です。ASLAMA は「自らを相手に完全に引き渡す、服従する」という意味であり、その動名詞形 ISLAM は「自分の意志や考え、欲望などを全て放棄し、神に無条件的に服従する」という意味です。自分がどう思おうと神の言ったことが正しく、どんなに嫌でも神の命令には従わなければならない、というのがイスラム教です。

ジハードは「聖戦」ではなく「努力」？

第三に、外務省イスラム研究会の政策目標には「イスラムは『好戦的な要素を持つ宗教』であるという偏ったイメージさえある」とありますが、これは偏ったイメージではなく事実です。

イスラム教には、「ジハード」という教義があります。

全世界をイスラム支配下におき、世界に平和をもたらすために必要不可欠な義務として規定されているのがジハード、すなわち「神の敵との戦争」です。

中田考も『一神教と戦争』の中で、「人間もジハードであれば相手を殺してもいいわけです」と述べ、2004年にイラクで日本人旅行客がイスラム武装勢力によって殺害された際には、「殺害してもイスラム法には反していない」と正当化しました。

イスラム教徒でありイスラム研究の権威ともされる中田は、戦争としてのジハードも異教徒の殺害も肯定しています。私たちの一般的認識では、そうした宗教を「平和の宗教」とはみなさないでしょう。

ところが「イスラムは平和の宗教」論者は、ここで論点をずらして問題をすり替えます。イスラム教の教義としてのジハードは、戦争や野蛮な武装行為ではないと主張するのです。

ここ数年、メディアで「現代の知の巨人」と絶賛されている、ライフネット生命保険創業者で立命館アジア太平洋大学学長の出口治明は、『哲学と宗教全史』（ダイヤモンド社、

2019年）で次のように述べています。

ISなど過激派のテロ行為を一部のメディアが「ジハード」と呼んでいる例がありました。ジハードは単純に「聖戦」と翻訳され、イスラームの闘争性を特徴づけていると理解されがちです。しかし、ジハードの本当の意味は自分が立派な行動を取れる人間となれるように奮闘努力することです。立派な行動とは何か。ムハンマドが説いた寛容と慈悲を大切にする生き方です。

橋爪大三郎も『世界は宗教で動いてる』で、次のように述べています。

ジハードはクルアーンに出てきますが、これはイスラムを守る「努力」という意味です。聖戦と訳していますが、「戦」ではなく「努力」というのが正しい訳です。戦うという意味はもともとありません。しかも、相手が先に手を出した場合の防衛的な努力です。

池上彰も『池上彰の世界の見方　中東』で、次のように述べています。

「ジハード」は、日本語では「聖戦」と訳されることが多いのですが、本来の意味は「イスラムの教えを守る努力」という意味です。たとえば、一日五回のお祈りも、ラマダンと呼ばれる断食も、それを実行しようとする努力はイスラム教徒にとってはジハードになります。一所懸命守ろうと努力すればジハードです。

実はイスラム研究者も、全く同じ主張をしています。

放送大学名誉教授の高橋和夫は『イスラム国の野望』（幻冬舎新書、2015年）でジハードについて、「本来は『努力する』という意味です。内面の努力をしっかりして、神の教えに従って生きることを言います。たとえば、自分の欲望を抑えて他人のために尽くす、しっかりラマダンをする、お祈りをする、勉強をするといったことです」と述べています。

京都大学大学院名誉教授の小杉泰も『イスラーム帝国のジハード』（講談社、2006年）で、「ジハードはしばしば聖戦と訳されるが、それはごく一面に過ぎない」「イスラーム世界と国際社会が有意義な対話と問題解決に臨むためには、ジハードを本来の意味で理解することが必要である」と述べ、ジハードをテロと結びつけるのは西欧的偏見だと批判しています。

立命館大学教授の末近浩太も『イスラーム主義』（岩波新書、2018年）で、次のように述べています。

「ジハード」とは、聖戦、義戦などと訳されることが多いが、「神の道のためにおいて奮闘する」ことであり、イスラームにおける義務の一つである。神の意思を理解する努力、それに応える努力の義務のことである。そのためには、神が創造したこの世界において慈善活動に勤しむことや、クルアーンを繰り返し精読し内面の信仰を深めたりするなど、様々な努力のかたちがある。

こうした「本当のジハードは戦争ではなく努力」論の根拠になっているのが、「小ジハードと大ジハード」論です。

これについても出口は、次のように記しています。

カレン・アームストロングの『ムハンマド』の中に、(略) ムハンマドが語ったと言われる言葉が出てきます。「我々は小ジハードである戦闘から戻って大ジハードに向かうのだ」という主旨の発言です。武力衝突という不幸ではあるが小さなジハード(奮闘努力)から、もう一回マディーナの街に戻って、この地をもっとみんなが住みやすい平和な街にする大きなジハードを実行しなければならない。このような意味の発言です。ムスリムにとって本当のジハードとは寛容と慈悲の世界を実現するための、個々人の内なる大いなる聖戦、自分自身との闘争を意味しています。

中田も『イスラーム世界』とジハード」で、非イスラム世界ではジハードは通常「聖戦」と訳され「異教徒との戦い」というイメージが定着しているものの、「伝統的イスラーム学のジハード概念は、より広い意味を有している」とし、次のハディース（『コーラン』に次ぐ第二の啓示とされる預言者ムハンマドの言行録）を引用します。

遠征軍の帰還を迎えた預言者は彼らに向かって、「おかえりなさい、『小ジハード』を完遂して『大ジハード』だけを残す者たちよ」と言われた。そして「『大ジハード』とは何でしょうか」と尋ねられると、預言者は「自分自身に対するジハードである」と答えられた。

中田は当該ハディースについて、「これはスーフィー（引用者注・イスラム神秘主義者）が好んで引用するハディースであるが、スーフィズム（引用者注・イスラム神秘主義）のみに限らず、伝統的イスラーム学は、ジハードを『戦闘』を意味する『小ジハード』と、『克己』、『修身』を意味する『大ジハード』に分け、後者を前者の上においてきたのである」と断言しています。

しかしこのハディースは、捏造された贋作である可能性が極めて高いことがすでに明らかになっています。あるハディースが贋作、つまりニセモノだということは、そのハディースには規範的価値がほとんどないことを意味します。

イスラム学にはハディース学というジャンルがあり、そこでは様々な基準に基づいてハディースの信憑性が検証されていますが、当該ハディースは信憑性が高いとされる六大真正ハディース集に収録されておらず、前近代の知識人たちもこのハディースの信憑性は疑わしいと繰り返し述べています。

ハディース学者のバイハキー（１０６６年没）は当該ハディースについて「伝承の鎖が弱い」と判断し、イブン・タイミーヤは「源がなく、知識ある者たちは誰一人これを伝承していない。不信仰者に対するジハードこそが最も崇高な行為で、人類のために最も重要な行為である」と述べ、同じく法学者のイブン・カイイム・アルジャウズィーヤ（１３５０年没）は「捏造された」と指摘しています。

近代以降も、例えばムスリム同胞団創設者ハサン・バンナーは、当該ハディースは信憑性に乏しく、たとえ信憑性が高いとしても、それが敵と戦うという意味でのジハードの放棄を意味するわけではないと述べ、ジハードは内面的努力だと主張する人々を批判しました。

確かにアラビア語の一般語としてのジハードには努力という意味があり、イスラム神秘主義者の中にはジハードを内面的努力の意味で解釈した人もいます。

しかし問題とすべきは一般語としてのジハードの意味でも、神秘主義的文脈におけるジハードの意味でもありません。なぜならそれらにはイスラム教徒にとっての規範、つまり「来世で救済されるかどうかに直接関わるルール」としての効力も意味もほとんどないからです。問題にすべきは規範としてのジハードであり、そもそも議論していたのも規範としてのジハードだったはずです。一般語や神秘主義の文脈でのジハードを持ち出して、それは内面的努力の意味であり、ゆえにジハードに戦争という意味はないのだという主張は詭弁にすぎません。

規範としてのジハードについて知るには、その源である『コーラン』とハディースに遡る必要があります。

イスラム法におけるジハードとは

『コーラン』においてジハードは、第9章73節「預言者よ、不信仰者と偽善者に対してジハードし、厳しく対処するがいい。かれらの住まいは地獄である」、第25章52節「不信仰者に従うな。彼らに対しては大いにジハードせよ」のように使われています。

『コーラン』の中には異教徒に対して宥和的な章句もありますが、その全ては第9章5節「多神教徒を見つけ次第殺し、またはこれを捕虜にし、拘禁し、またすべての計略（を準備して）これを待ち伏せよ」が啓示されたことによって「廃棄」された、というのがイスラム学上の支配的解釈です。

ジハードという語はしばしば、「神の道におけるジハード」というかたちで用いられています。『コーラン』第4章74節には、「神の道において戦った者に対しては、殺害されようと勝利を得ようと、われ（神）は必ず偉大な報奨を与えよう」、第61章10～11節には「あなたがた信仰する者よ、われ（神）は痛苦の懲罰から救われる一つの取引を示そう。それはあなたがたが神とその使徒を信じ、あなたがたの財産と生命をもって神の道にジハードすることだ」とあります。

ハディースでも、最善の行為とは何かと質問された預言者ムハンマドは、「神への信仰と彼（神）の道におけるジハードである」と答えています。また彼は天国での地位を百階級昇格させる行為は何かと質問され、「神の道におけるジハードだ」と答えています。神は「神の道におけるジハード」で殉教した者を天国に入れ報酬を与える、とも述べています。別のハディースは、「もし私が殺されたらどこに行くのでしょう」と質問されたムハンマドが「天国だ」と答えると、その男は食べていたナツメヤシの実を放り出し、殺されるまで戦い続けた、と伝えています。

ムハンマドは「最高のジハードとは何か」という質問に対しては、「その者（ジハードに参加した人）の血が流され、彼の馬が負傷するものだ」と答え、「天国とは剣の影の下にあることを知れ」と言ったとも伝えられています。

イスラム法の第一法源、第二法源は『コーラン』とハディースです。ですからイスラム法ではもっぱら、ジハードは血を流して行う異教徒との戦争であり、それはイスラム教徒一般に課せられた義務にして、最善の信仰行為だと規定されています。イスラム法の中に、内面的努力としてのジハードを義務づける規定はありません。

イブン・タイミーヤは「イスラム法の定める戦争の基本はジハードである。その目的は、宗教が全て神のものとなり、神の言葉が至上のものとして崇められるようになることにある。それを妨げる者に対しては、戦争が仕掛けられねばならぬ旨でイスラム教徒たちの見解は一致している」「ジハードとその美徳が『コーラン』と預言者ムハンマドの慣行の中で讃えられている回数は数えきれないほどである。ジハードは人間が神に捧げる最高の奉仕の形である」と述べています。これが典型的な規範的ジハード認識です。

ジハードが異教徒との戦争であることはイスラム諸国の教科書にも明記され、学校で子供たちに教えられている「常識」でもあります。NPO「学校教育における平和と文化的寛容の監視のための研究所（IMPACT-se）」は2020年8月、カタールの学校教科書238冊を分析した結果として、ムスリム同胞団の思想の影響を強く受けており、ジハードで戦うことは義務、子供がジハードを愛するよう教えるのがよき母親であると教えたり、ジハードで死んだ殉教者を称えたりしており、ユネスコが定める「学校教育における平和と寛容」の基準を下回ると報告しました。

大ジハードに啓示的根拠なし

イスラム史研究者のバーナード・ルイスは、「ほとんどの神学者、法学者、ハディース学者はジハードの義務を軍事的な意味で理解している」と述べています。そして、大ジハード云々というハディースは9世紀前半までに捏造された可能性が高いと結論づけたイスラム史研究者のデイヴィッド・クックは、次のように述べています。

イスラム教徒によって記された現代および古典の文献を読むと、精神的ジハードの優位性の証拠はほとんどないことがわかる。今日、非西洋言語（アラビア語、ペルシャ語、ウルドゥー語など）で執筆しているイスラム教徒は誰一人として、ジハードが主に非暴力的なものであるとか、精神的ジハードにとって代わられたと主張することはない。そのような主張をするのは、主に神秘主義を研究しているか、あるいは「異教徒間対話」の文脈で語る西洋の学者、および可能な限り最も無害な方法でイスラム教の姿を提示しようとするイスラム擁護論者のみである。

このハディースが贋作であることは、世界中の研究者にとってすでに「常識」です。にもかかわらず、日本のイスラム研究者はいまだに「本当のジハードは戦争ではなく内面的努力」というウソを吹聴し続け、リベラル知識人もそう信じ込んでいるのです。

彼らが堂々とウソをつき続けるのは、「イスラムは平和の宗教」論を唱えるためには「本当のジハードは戦争ではなく内面的努力」論が必要不可欠であり、またいくらウソをついても一般人にバレることはないはずだと侮っているからです。そしてなぜ彼らが「イスラムは平和の宗教」論を唱えるかというと、「軍国主義で残虐な日本」と対比させイスラム教を称賛するには、絶対に「イスラムは平和の宗教」でなければならないからです。

東京外国語大学アジア・アフリカ言語文化研究所教授の飯塚正人は「東進ＳＥＫＡＩ」のインタビューで、「イスラーム教徒は過激なテロのあとに『これは神の教えだ』と声明を出すこともあります。これはどう捉えたらよいのでしょう?」という質問に対して、次のように回答しています。

確かに、「テロリスト本人がそう言っているんだから、暴力的なものがイスラームの教えなんだ」と思ってしまいますよね。でも、冷静に考えるとよくわかるのですが、イスラーム教徒は世界中に約17億人もいます。対して、ＩＳＩＬ（イスラム国）の戦闘員はどんなに多く見積もっても3～5万人。つまりものすごく少数の人が言っていることにすぎないわけです。もしも彼らの言うように「暴力的なものがイスラームの教え」なのであれば、世界中はテロだらけ。大多数のイスラーム教徒がテロリストにならず平和に暮らしていることを考えれば、どちらが教えとして正しいと思われているのかは明白でしょう。

飯塚は「イスラム教の教えは暴力的か」という問題を、テロを起こすイスラム教徒の数の問題にすり替え、ほとんどのイスラム教徒はテロを起こさない、ゆえにイスラム教の教えは暴力的なものではないと結論づけています。

しかしイスラム教徒個人の行動から、遡及的にイスラム教の教えを理解することはできません。イスラム教の教えは『コーラン』とハディースという啓示、およびそこから導出された規範体系（イスラム法）として、一千年以上前から目に見えるテキストのかたちで厳然と存在しているからです。イスラム教徒が実践しようとしまいと、教義が教義として存在するのがイスラム教なのです。

事実は飯塚の主張とは全く異なります。イスラム教徒のほとんどは異教徒を殺害するジハードを実行しないけれど、それを義務とする教義は確かに存在するのです。

明治大学教授の山岸智子は2018年4月、同大学のサイト「Meiji.net」に掲載された記事で、キリスト教徒や仏教徒が事件を起こしても宗教が非難されることはないと前置きし、「ところがイスラーム教徒の過激派がテロを起こすと、それはイスラーム教に問題があるように思われます。おかしくないでしょうか。おそらく、多くの日本人はイスラーム教や中東のことについて正しい知識をもっていないからだと思います」と述べています。しかしキリスト教徒や仏教徒も事件を起こすという事実は、イスラム教徒のテロを免責する理由にはなりません。

また山岸は、「日本人はイスラーム教や中東のことについて正しい知識をもっていないから」イスラム教について間違った考えを持っているのだと主張していますが、彼女はおそらく、一般人がイスラム教の教義を知ることなどあるまいと高を括っているのでしょう。

イスラム研究者は、一般の日本人を騙すのは容易だと思っているようです。しかしそのような「甘い時代」は、すでに過ぎ去りました。

人々は日に日に、メディアや大学教授といった「権威」を懐疑的に見るようになってきています。インターネットの発達やSNSの普及に伴い、肩書だけでその人の発言を鵜呑みにする人も、メディアの情報を無条件に信じる人も減少しつつあります。イスラム研究者がイスラム教についての情報を独占することで、不都合な情報は隠蔽するという「操作」のできた時代も終わりを迎えつつあります。『イスラム2・0』の波は、日本にも少しずつ及んでいます。

自爆攻撃は正当化されるか

マレーシアで長らく首相を務めたマハティール・ビン・モハメドは2002年4月、「明らかにイスラム教はテロの原因ではない。イスラムは平和の宗教である」と述べました。しかしマハティールは在任中、「反ユダヤは言論の自由の一環だ」と主張して攻撃的な反ユダヤ発言を繰り返し、2020年6月にはレバノンのテレビに出演して人々にイスラエルへの直接攻撃を呼びかけ、10月にはツイッターに「イスラム教徒は過去の虐殺の見返りとして、何百万人ものフランス人を殺害する権利を有する」と投稿しました。彼の中では、「イスラムは平和の宗教」と主張することと異教徒への攻撃を促すことは、何ら矛盾していないのです。なおマハティールは、NPO反過激派プロジェクト（The Counter Extremism Project）が

２０２１年1月に公開した「世界で最も危険なテロリスト20人」で第14位にランクインしており、つまり世界で14番目に危険なテロリストとされています。

パレスチナ自治区ガザには、「イスラミック・ジハード」という名のイスラム過激派組織があります。１９７０年代に設立されて以来、これまでに数千発のロケット弾をイスラエルに撃ち込み、一般人の家屋や幼稚園、学校、農園などを破壊し、多数のイスラエル人を殺害してきました。２０１９年5月にはロケット弾の誤射によりパレスチナ人の母子を誤って殺したことを認めつつ、２人は殉教したのだと宣言し、その死を称えました。これが彼らのジハードです。

パキスタンのカーン首相は２０２０年6月、米同時テロの首謀者とされるビンラディンについて、「彼は殉教した」と述べました。カーンはビンラディンを、テロリストではなく称えられるべき殉教者なのだと認識しているのです。

ムスリム同胞団のイデオローグ、ユースフ・カラダーウィーもジハードについて、イスラム教という宗教、イスラム教徒の土地、魂、名誉を防衛するための攻撃はイスラム法において合法である、と述べています。なおカラダーウィーは、２０２１年の「世界で最も危険なテロリスト20人」で第5位にランクインしています。

米シンクタンク、ピュー・リサーチ・センターが２０１３年に公開した調査（以下、「２０１３

年のピュー調査」と略）では、イスラム教防衛のために一般人を標的として行う自爆攻撃について、「しばしば、あるいは時には正当化される」と回答した人はパレスチナ自治区住民の40％、アフガニスタン人の39％、エジプト人の29％、バングラデシュ人の26％にのぼりました。少なからぬイスラム教徒が、場合によっては一般人を標的としたジハードもやむなしと考えているのです。

イスラム世界で最も人気があるとされるテレビ説教師ザーキル・ナイクも、必要があれば自爆は認められる、全てのイスラム教徒はテロリストであるべきだ、と主張しています。彼の人気が高いのは、彼の説教がイスラム教の教義に忠実だからです。

２０２０年10月には、イスラム教指導者イサーム・アミーラがエルサレムのアクサー・モスクで、預言者ムハンマドの風刺画を授業で生徒に見せたフランス人教師をイスラム教徒の若者が斬首したのは全イスラム教徒にとっての名誉であると称賛し、『コーラン』第８章60節「かれらに対して、あなたの出来る限りの武力と、多くの繋いだ馬を備えなさい。それによって神の敵、あなたがたの敵に恐怖を与えなさい」を引用し、イスラム教は敵に恐怖を与えるテロを認めているのだと演説しました。

全ての人々が「アッラーの他に神なし」と言うまで戦え

「イスラムは平和の宗教」ではない、というのは私の独断でも偏見でもなく、啓示が明確に示していることであり、またイスラム法学者の伝統的で一般的な認識でもあります。

イラン・イスラム革命の指導者ホメイニは、「イスラム教徒に対し戦うよう促す『コーラン』章句とハディースは何百もある。それらの全てが、イスラムは人々に戦うことを禁じる宗教だということを意味しているとでも言うのか。私はそのような主張をする愚かな魂に唾を吐く」「イスラムは不信仰者にとっては血の宗教だ」と述べています。

現代の著名なイスラム法学者の一人であるラマダーン・ブーティーも、「我々の宗教が平和的で愛らしい宗教だというのは間違った考えだ」「イスラム教におけるジハードは基本的には攻撃的な戦争であり、それは全てのイスラム教徒にとっての義務だ。なぜなら預言者ムハンマドは神によって、全ての人々が『アッラーの他に神なし』と言うまで戦うよう命じられたからであり、彼が神の使徒だからである」と述べています。

預言者ムハンマドは、「私は人々が『アッラー以外に神はなし、ムハンマドは神の使徒』と信仰告白し、礼拝を完璧に行い、義務的な施しを行うようになるまで、人々と戦うよう（神に）命じられた」と言ったと伝えられています。「神の道において戦わず、それを望むことすらしなかった者の死は、偽善者の死である」と言ったとも伝えられています。

ここで重要なのは、イスラム教の教義のありのままの姿を認めることと、全てのイスラム教徒が戦争を望んでいるとかテロリストであると決めつけることとは全く異なる、という点です。イスラム教に暴力的な教義があろうと、それに基づきテロを行うイスラム教徒が現れようと、それとは無関係なイスラム教徒がイスラム教徒であるという理由だけで差別されたり迫害されたりすることは決してあってはなりません。イデオロギーと個人を混同してはいけないのです。

イスラム研究者が本当に「イスラムは平和の宗教」と信じているならば、イスラム教の教義そのものを伝えるはずです。しかし彼らはこぞってイスラム教の教義を歪曲し、ウソを広めています。そのことがかえって彼らの本心と、彼らにとって不都合な真実を露見させているのです。

第二章　「イスラム教ではなくイスラームと呼ぶべき」か

「教」を付けずに呼ぶ「ルール」

イスラム教について勉強し始めてから私が最初に「学んだ」ことの一つが、日本のイスラム研究業界においてはイスラム教のことを「イスラム」、あるいは「イスラーム」と呼ばなければならないという「ルール」です。

私が長年にわたり教えを受けていた教員の一人が、当時東京大学教授だったイスラム史研究者の後藤明です。後藤は河野洋平外相（当時）主催の「イスラム研究会」の中心メンバーの一人でもありました。

後藤は『メッカ　イスラームの都市社会』（中公新書、1991年）で、我々はソ連崩壊を受け、これまで当然だと思ってきた常識をこえていかなければならない、その「常識をこえたもの」がイスラームなのだと主張します。

続けて「イスラームは常識に従わない。困ったものだ」と考える常識人は多いが、「ほんとうは、イスラームが困った存在なのではなく、我々の常識がおかしい」と述べた上で、イスラム教ではなくイスラームという呼称を用いるのは「イスラームというものを常識的な『宗教』という概念の中でとらえたくないから」と説明します。

国立民族学博物館名誉教授で片倉邦雄の妻でもある片倉もとこは『イスラームの日常生活』（岩波新書、1991年）で、「イスラームという言葉の中にすでに神の教えという意味が含まれているので、イスラーム教という必要はない」と述べ、イスラームは多くの宗教とは異なり「生活の全体、文化の総体」にして「人間が生きていくうえの、すべてのこととかかわる」と主張します。

京都大学大学院名誉教授で紫綬褒章の受章者でもある小杉泰は、『イスラームとは何か』（講談社現代新書、1994年）で次のように述べています。

最近では日本でも、イスラームと「教」を付けずに言うのが普通である。その一つの理由は（略）教えそのものをイスラームと名づけているからである。重ねて「教」をつけるのは、屋上屋を架す感が強い。もう一つの理由は、イスラームが教義のいわゆる宗教の範疇を超えて、社会のあらゆる面について守るべき規定を定めているからである。

しかしイスラム教以外の宗教も、キリスト教であれユダヤ教であれ、あるいは仏教や儒教であれ、社会のあらゆる面を規律するという点では同じです。それぞれの信徒にとって宗教は「生活の全体」にして「人間が生きていくうえの、すべてのこととかかわる」と認識されていることでしょう。

ではなぜイスラム研究者は、詭弁を弄してまでイスラム教を特別視し、イスラームという呼称にこだわるのでしょうか。

後藤は『メッカ』を、次のように締めくくっています。

現代に生きるわれわれは、現代社会は発展していて、それにくらべて昔の社会は遅れていたと思いがちである。（略）しかし、事実はどうもことなるようだ。強力な政治体制がなかった七世紀のアラビアは、今日のわれわれの社会以上に個人が自立し、社会は開放的であった。そしてそのような個人と社会の存在を前提にした、宗教、社会、政治のすべてを覆うイデオロギーがイスラームということになる。それゆえイスラームは現代にも有効なイデオロギーたりうるのだ。歴史は進化の過程で、その最高段階にあるのが西欧社会なのだ、としてきた従来の学問は、棄てられなければならない。

つまり後藤は、中東は西欧に比べて遅れてなどいない、いやむしろ歴史の進化の最高段階にあるのは七世紀のアラビアなのだ、と主張しているのです。

後藤は「イスラームはまた、社会主義も共産主義も資本主義をもつつみこんでしまう」とも述べます。彼にとってイスラームは、既存の全てのイデオロギーを包含する超越的存在なのです。

「イスラームこそ解決」というイデオロギー

後藤明の主張は、東京大学名誉教授であり日本中東学会会長、日本イスラム協会理事長、アジア中東学会連合会長などを歴任し、日本学術会議会員を9年間務め、2003年には文化功労者となった板垣雄三の主張とも共通します。板垣は『イスラーム誤認』(岩波書店、2003年)で「私は、西暦七世紀にイスラーム文明が成立した時点から、人類の歴史は『近代』を迎えたと考えています」と述べ、次のように続けています。

近代性をヨーロッパ発のものと定める約束は、一九世紀以来の底の浅い西洋中心主義の、しかし権力的には世界を席巻しつつ制度化を進めた地方根性むきだしの言説の産物であった。七世紀以来、イスラームのアーバニズムは近代性を開花させ、都市化、商業化、政治化を通じて個人主義、合理主義、普遍主義を拡張、深化させた。（略）このグローバリズムの歴史を、西洋中心主義は隠蔽したのだ。

板垣はさらに「現在、索漠たる現実に覆い尽くされた世界が最も必要としているもの、それはタウヒードの論理なのではないか。タウヒードは、今日、近代性の行き着いた隘路を打開する『スーパーモダン』原理として眺めなおすことができるだろう」と述べます。「タウヒード」とは一般的に「神の唯一性」と訳されるアラビア語ですが、板垣によるとそれは「イスラームの最も基本的な立脚点」です。「イスラームこそ解決」というのが板垣イデオロギーの根幹です。

板垣イデオロギーのもう一つの特徴は、日本は残虐非道で罪深い国だと糾弾する点にあります。彼の自虐的な日本批判は天皇制にまで及びます。

日本国家の植民地主義性、人種主義性、軍国主義性、男中心主義性…それらを批判する上では、欧米中心主義と重なり合っているのです。さらに、天皇制ということになると（略）いずれも欧米中心主義的な天皇制でしかないのです。固有の天皇制などというものではなく、欧米を真似してできてきた天皇制ですよね、それを資本主義に接ぎ木して、天皇制付き資本主義が成立した、これが現状ではないでしょうか。

板垣は日本外務省とバーレーン外務省が2002年3月に共催した会議「文明間の対話：イスラム世界と日本」でも、「日本の社会は植民地主義、人種主義、軍国主義」「いわゆる日本史というのはそういう侵略と植民地化の歴史」「現在サッカーをやってもみんなサムライになるような日本の社会というのは、軍国主義なのです」などと発言し、「終わった後でイスラーム世界側の参加者のほうから、非常によかったと言われました」と自画自賛しています。

板垣は日本のイスラム研究業界最大の重鎮です。その人物が日本を忌み嫌い、世界の悪の全てが日本に起因するかの如く自虐的に批判し、「イスラームこそ解決」という強固なイデオロギーに立脚して業界をリードし、政財界やメディアにも大きな影響を及ぼし、さらに諸外国に対してもさかんにそれを吹聴し、その結果、文化功労者となった事実は注目に値します。

しかも日本のイスラム研究者の多くがこの板垣を師と称え、板垣イデオロギーを継承しています。

２０１０年には日本学術振興会の科学研究費助成事業の一環として、東京大学で「板垣雄三先生インタビュー」なる会が開催されました。発起人である自称「板垣雄三のエピゴーネン」臼杵陽《うすきあきら》（日本女子大教授）は同会の趣旨について、「われわれ自身が共有できる知の遺産としての板垣雄三という人物が、いま何を考えているのかを、われわれ自身が記録し引き継いでいく必要がある」と述べています。

この会に参加した板垣の弟子筋にあたる臼杵、栗田禎子《よしこ》（千葉大学教授）、長沢栄治（東京大学教授）、三浦徹（お茶の水女子大学教授）はそろって、板垣とともに「安全保障関連法に反対する学者の会」の賛同者に名を連ねています。

同賛同者リストには他にも中田考、森茂男（大阪大学名誉教授）、小松久男（東京大学名誉教授）、森本一夫（東京大学教授）、秋葉淳（東京大学准教授）、黒木英充（東京外国語大学教授）、岡真理（京都大学教授）、山岸智子（明治大学教授）、中町信孝（甲南大学教授）、嶺崎寛子（愛知教育大学准教授）など、重鎮から若手まで多数の中東やアラブ、イスラム研究者の名が確認されます。

同会の呼びかけ人たちは、同法案が成立すれば「わが国は立憲国家でなくなり、専制が始まり、世界中に敵が出来る」「日本が海外で戦争する国になるのは避けがたい」「戦後民主主義を根元から破壊する」と主張しましたが、同法の成立から5年が経過した今も、日本で専制が始まり、世界中に敵ができ、日本が海外で戦争し、民主主義が破壊されたという事実はありません。

さらに2015年8月には板垣を中心に赤堀雅幸（上智大学教授）、秋葉淳、臼杵陽、岡真理、片倉邦雄、私市《きさいち》正年（上智大学名誉教授）、栗田禎子、黒木英充、小林春夫（東京学芸大学教授）、塩尻和子（筑波大学名誉教授）、塩尻宏（元駐リビア大使で塩尻和子の夫）、辻上奈美江（上智大学准教授）、長沢栄治、嶺崎寛子、宮田律らが呼びかけ人となり、参議院議員会館で「『安保法案』に反対する中東研究者のアピール」を行いました。

彼らはここで、同法案は「植民地主義・帝国主義の論理」であり、「戦後日本外交の基本であった平和主義の原則を投げ捨て、大国主導の戦争に追随し、資源への自己中心的野心をむき出しにするような姿勢は、日本に対する中東やアジア、世界の民衆の批判・反発を呼び起こし、国益を損ない、むしろ日本の市民の生命と安全をこれまでにない危険にさらすことにつながっていくでしょう」と主張しました。

しかし現在も、世界の民衆が日本を批判して反発し日本の国益が損なわれたという事実はありません。彼らの脅し文句は全部ウソなのです。

彼らは2013年11月には「『特定秘密保護法案』に反対する中東研究者の緊急声明」も出しており、この呼びかけ人も栗田禎子、飯塚正人、臼杵陽、岡真理、加藤博、黒木英充、酒井啓子（千葉大学教授）、長沢栄治、三浦徹らとなっています。

ここに名を挙げたのは、歴代の日本中東学会会長を含む日本のイスラム研究業界の主要メンバーです。イスラム研究者は専門家の立場と学者の肩書を利用し、集団的に反政府活動を行っているのです。イデオロギー的偏向は明白です。

「単なる宗教ではない」というイメージ戦略

板垣イデオロギーの継承を、イスラム研究者の主張の中に確認するのは容易です。

中田考は『一神教と戦争』で、「私を含めましてこの本の読者の世代は、第二次世界大戦に敗れた日本で、西欧によって民主化された、あるいは洗脳されて去勢された特殊な時代を生きてきた」と前置きし、「イスラームはそれに対するオルタナティブを提示することができるのではないか」と述べています。

片倉もとこは『イスラームの日常生活』で、「ヨーロッパの中東イスラーム世界へのコンプレックス」を「日本人の中国文化へのコンプレックス」になぞらえ、「人間の弱さを認めるイスラームにおいては、近代西欧社会のような弱者きりすての思想は出てこない。むしろ、弱者の権利が考えられることになる」、イスラム教徒女性は「男と女の隔離ゆえに、ことさら、のびのびと自由を謳歌しているところがみえる。不特定多数の男たちの目を意識して、とりつくろうところがない。現代資本主義社会では、ともすれば、女性が男性の眼を意識して、いつのまにか商品化、あるいは付属品化する傾向があるのと対照的である」と述べています。

内藤正典（同志社大学大学院教授）は『となりのイスラム』（ミシマ社、2016年）で、「フランスの国家理念は自由・平等・博愛といいますが、そのもとにあるのは、強烈な国家主義です。ですから、何かというと戦争を起こします。（略）陰ではいくらでも差別をする」と非難し、「イスラムでは、本当に、神の下にある人間は平等」と称賛します。

また「キリスト教は（略）不寛容になっていった」のに対し、「イスラム教には先に生まれた一神教の先輩を否定する発想はない」「キリスト教では生まれながら人間は『原罪』を背負っていることになっていますが、イスラムにはそういう『辛気臭さ』はありません」「イスラム世界とヨーロッパの決定的な違いは『人が人に対して敵対しない』ということ」とイスラム優位論を唱え、イスラム教徒は「日本人や欧米の人たちと違って、夫婦の絆は、うまくいっているかぎり、おそろしく強い」と主張します。

宮田律は『現代イスラムの潮流』で次のように述べています。

欧米モデルの近代化は、途方もない貧富の格差をもたらしたり、人々から伝統的なアイデンティティーを奪うことになった。人々は欧米モデルの近代化に代わる社会・経済的方途を求めるようになった。それがイスラムだ。近代化の失敗、あるいは近代化によってもたらされた充足されない思いによって、人々はイスラムという宗教に基づいて自らの人生の意義を考えるようになった。いわば、反近代主義の中心にイスラムは位置するようになった。

このようにイスラム研究者は、日本と欧米を否定する一方で、「イスラームこそ解決」と主張します。しかしこの主張は概ね単なる個人的印象や願望、詭弁に立脚しているため、実証性にも説得力にも欠けています。

それを補う上で重要な役割を果たすことが期待されるのがイスラム、あるいはイスラームという呼称です。

イスラム教から「教」を取り去ることで「単なる宗教ではない」というイメージを付与し、さらにイスラームとアレンジすることで、それは日本や欧米に毒されていない特別に素晴らしいもので、近代にとって代わる可能性のある唯一の選択肢であると錯覚させる効果が期待されます。

日本を否定し人々の不安を煽った後で目新しいイスラームという「藁」を見せれば、人々は容易にそれをつかむだろう、というのがイスラム研究者の目論見なのでしょう。これがおそらく、彼らがこぞって「イスラム教ではなくイスラームと呼ぶべき」と主張する本当の理由です。

「イスラームこそ解決」というのは、イスラム教徒にとっては当然の主張です。

預言者ムハンマドはササン朝の王や東ローマ帝国皇帝に、「私はあなたをイスラム教へと招く。イスラム教を受け入れよ。そうすればあなたは安全になる。イスラム教を受け入れよ。そうすれば神はあなたに二重の報酬を与えよう」という書簡を送ったとハディースに伝えられています。

イラン・イスラム共和国の初代最高指導者ホメイニは、次のように述べています。


ジハードについて学ぶ者は、イスラム教が全世界の征服を求める理由を理解するだろう。イスラム教に征服された国、または将来的に征服される国はすべて、永遠に救済されることになる。なぜなら彼らは神の法の下で生きることになるからだ。


「イスラームこそ解決」は、イスラム主義組織ムスリム同胞団の標語でもあります。

朝日新聞は2012年8月、ムスリム同胞団について「イスラム教に基づく社会政治組織。『イスラムこそ解決』という標語を掲げ、草の根的な社会活動を展開する一方、選挙を通じて政治に参加し、理想のイスラム社会の建設を目指す。教師や医師、技師など非宗教者が活動を担っているのが特徴」と解説しました。

しかしサウジやアラブ首長国連邦（UAE）、エジプトなどは同胞団をテロ組織指定しています。2020年11月にはサウジの高位法学者評議会が同胞団について、統治者に対する反乱を奨励して国家を混乱させ、平和的共存を破壊する異常で逸脱したテロ組織であり、イスラム教を隠れ蓑にして権力を掌握しようと世界中で過激派やテロ組織の形成を促していると非難、イスラム教徒に対し同胞団に入ったり同情したりしてはならないと警告する声明を出しました。エジプトの最高位法学者シャウキー・アッラームもこれを支持、12月にはイスラム学の殿堂アズハルが「同胞団に入ることはイスラム法に反しており禁じられる」という法令を出しました。

朝日新聞が同胞団を擁護したり、イスラム教徒ではない日本のイスラム研究者やリベラル知識人までもが「イスラームこそ解決」と主張したりするのは極めて不自然です。

中田との共著『一神教と国家』（集英社新書、2014年）において、仏文学者の内田樹《たつる》は次のように述べています。

飢えている身体、傷つけられて血を流している身体、そういう生身をどうやって手当てするのかという発想が中田先生のカリフ制構想のいちばん底にある。僕が中田先生に共感するのはそういう点なんでしょうね。そういう生身ベースの政治が、今オルタナティブとしてはもっとも必要とされていると僕も思います。

内田と中田は、次のような対話もしています。

内田「僕、最近聞いた話でワクワクしたのは沖縄独立論と中田先生のカリフ制の二つなんです。（略）それ（沖縄独立）と同じくらい、カリフ制にも期待します。」
中田「ええ。」
内田「これってたぶんカリフ制再建を公に訴える世界初の本でしょうね。歴史的な書物の誕生にわれわれは立ち会ったわけですね。（略）頑張ってカリフ制再建をアナウンスしましょう。」

同じく中田と共著『一神教と戦争』を出版している橋爪大三郎も、「イスラームは確かに、近代と折り合いが悪い」としつつ、「イスラームのこの特性は、近代を通り越した、ポスト近代を念頭におくと、かえって折り合いがいい可能性もある。中田先生はこれを『カリフ制の再興』と呼ぶ。（略）イスラーム世界の外側を生きる人々にとっては、やがて訪れるポスト・ネーションの時代を覆う制度の傘の、ヒントを与えてくれている」と、肯定的に評価しています。

作家の高橋源一郎も2019年12月6日、NHKラジオ第1の番組『すっぴん!』の「源ちゃんのゲンダイ国語」というコーナーで中田の『13歳からの世界征服』（百万年書房、2019年）を取り上げ、中田について「僕たちの見方が偏っているのではないかと教えてくれるのが素敵」「ユーモアのある人」「おちゃめでしょ」と絶賛しました。

そして同書の「私（中田）の場合はイスラム教徒なのでカリフ制再興を目標として掲げています」「カリフ制再興とは、西ヨーロッパがひいた国境を世界中から廃し、カリフを中心としたイスラーム法の支配のもとに、人やものやお金の自由な移動が保障されるような、真にグローバルな世界を実現するということです」といった文を紹介し、「全ての人を包み込むような大きな論理構造」「めっちゃ論理的」と心酔しきった様子で語りました。

イスラム絶対体制イランの実態

しかしイスラム教が世界を支配すれば、私たちのような異教徒にとっても「真に自由でグローバルな世界」が実現されるという中田の主張は、本当でしょうか。

日本のイスラム研究者は、イスラム教による統治を行う主体を過度に賛美し擁護します。その代表格がイラン・イスラム共和国です。なぜならイランは、1979年にイスラム革命により近代を捨てイスラム絶対体制を確立した自他共に認める反米・反近代国家だからです。彼らにとってイランは、イスラームが近代のオルタナティブたりうることを証明した貴重な存在です。

イランは憲法前文で、イラン軍を「全世界に神の法がうち立てられるまでジハードを戦い抜く」ためのものだと規定します。世界の「被抑圧者」と連帯してアメリカとイスラエルという「抑圧者」を打倒し、世界にイスラム革命をもたらすことによって被抑圧者を解放するというのがイランの国是です。

ところがイラン議会の研究センターは2019年、まもなくイラン国民の23～40％が絶対的貧困ラインを下回る生活をすることになり、2020年にはさらに5700万人が貧困に陥るという予測を示しました。その一方でロイター通信によると、2013年11月時点でイラン最高指導者ハメネイは少なくとも950億ドル相当の資産を保有しており、そのかなりの部分が個人の家や企業、土地などを恣意的に没収したことに由来するとされます。

2019年11月にはガソリン価格が一挙に3倍に引き上げられたことを受け、革命以来最大規模となるデモが全国で発生し、ロイター通信は参加者1500人以上が当局に殺害されたと伝えました。国際人権NGOアムネスティ・インターナショナルは、拘束されたデモ参加者約7000人に対し極めて残虐な拷問が行われ自白が強要されている実態について2020年9月、報告書を公開しました。

イランの体制は被抑圧者の解放を掲げつつ、支配者だけが富を独占し国民を抑圧しているのが実態です。ハメネイは2019年11月には、「被抑圧者とは貧者や弱者ではなく、全人類の指導者たるイマーム（イスラム教の指導者）だ」と演説しました。被抑圧者などという概念は、支配者のロジックでなんとでも解釈できるのです。

また米国務省が2018年、イランはレバノンのヒズボラに年間7億ドル、ハマスやイスラミック・ジハードに1億ドルを資金提供していると報告したように、イランはイスラム教過激派武装組織を手厚く支援する一方、中国当局に迫害されているウイグル人イスラム教徒については言及すらしません。それどころか2020年には中国と25年間にわたる40兆円超規模の軍事、安全保障、経済等の包括協定を策定しました。イラン当局が支援するのは、自らのイデオロギーに都合のいい被抑圧者だけなのです。

イランの法では、裁判における女性の証言は男性の証言の価値の半分とされ、女性が殺害された場合に請求できる「血の代償」も男性が殺害された場合の半額、相続においても女性は男性の半額とされています。異教徒は同じ罪を犯してもイスラム教徒より重い罰を受け、同性愛行為はむち打ち刑に処されます。女性と異教徒、同性愛者に対する差別を法で規定するイランは、米国際宗教自由委員会（ＵＳＣＩＲＦ）により、最も信教の自由の侵害がひどい「特に懸念のある国」に指定されています。

イラン人として、およびイスラム教徒女性として初のノーベル賞（平和賞）受賞者である人権活動家シリン・エバディは２０２０年10月、イランは人権侵害のレッドカードに相当すると非難し、国際的な圧力をかけるべきだと呼びかけました。彼女自身も亡命を余儀なくされています。

イランを賛美しタリバンを擁護するイスラム研究者

こうした惨状は、イランの実態のほんの一部にすぎません。ところが日本の研究者は、イランを奇妙なまでに賛美します。

中田考は『イスラームの論理と倫理』（晶文社、２０２０年）でイラン・イスラム革命について、「中世から蘇ってきたような黒い法衣のホメイニ師の写真を掲げた百万人を超える群衆がデモで街に繰り出し、飛行機でイランに帰国した同師を群衆が熱狂して迎える映像は、飛行機が突入し世界貿易センタービルが倒壊した２００１年の９・11よりも遥かに衝撃的でした」と憧憬を隠しきれない様子で語り、それがイスラム研究を志した動機の一つだと述べています。

山岸智子は『イスラーム世界がよくわかるQ&A100』（亜紀書房、1998年）で、「（イランの）イスラーム共和国樹立宣言は、生まれや民族的違いを問題にせず、人の高低が倫理と公正さによってのみ決められる政府の樹立をことほいでいます。イラン・イスラーム革命が平等と正義を求める運動の上に成立していたことをもっと広く知ってほしいものです」と述べています。

またイランがアメリカを「大悪魔」と呼び、イラン・イラク戦争で多くのイラン兵士が自爆したことについても、「『鬼畜米英』を唱え『特攻隊』を組織した経験のある日本人には、それらの一見『狂信的な』行為も、狂信者ではなくふつうの人々が支えていることを理解できるはずです」「伝統文化に精神性を見る傾向は日本もイランも同じです」と、日本とイランは「オンナジ」説を唱えます。

2020年1月に、米軍の作戦によってイラン・イスラム革命防衛隊のソレイマニ司令官が殺害された際には、慶應義塾大学教授の田中浩一郎はNHKに出演してソレイマニをヒーローと称え、「中東にある爆弾の導火線にアメリカが火をつけた」とアメリカを非難しました。

東京外国語大学教授の松永泰行も朝日新聞に「殺害されたソレイマニ司令官は、部下が負傷すれば病院に駆けつけ、亡くなれば実家に駆けつけて家族とともに泣く、浪花節的な人物だった」とコメント、同志社大学教授の中西久枝も「イランには抑圧された人の味方をするという考えがある」「司令官はアメリカとの衝突に一定の歯止めをかける役割を果たしていた」と読売新聞にコメントしました。東京大学大学院教授の鈴木一人も朝日新聞への寄稿で、ソレイマニについて「アイドル」「中東における武装組織の指揮官としてはおそらく最も優秀で、輝かしい戦績を誇る」「国内外で高く評価」と述べました。

イランの体制が自国民を抑圧している事実も、ソレイマニが中東各国で数万人の一般人の命を奪った最恐テロリストとして知られている事実も無視し、日本の「専門家」はひたすらイランとソレイマニとを擁護し、アメリカの非難に徹したのです。

こうした事件のたびに「専門家」とメディアの反米・親イスラムという偏向、いわゆる「イスラム左翼主義」が露見します。イスラム左翼主義についてフランスの哲学者ベルナール＝アンリ・レヴィが「反米教」と描写したのは、実に的を射ています。反米教の信者に事実の客観的分析を期待するのは不可能です。

非イスラム教徒のリベラル知識人がイランを支持する傾向は日本だけでも、また近年の現象でもありません。仏哲学者ミシェル・フーコーや米政治学者リチャード・フォークがホメイニに魅せられ、１９７９年のイラン革命を熱狂的に支持したことはよく知られています。

イスラム研究者は、アフガニスタンの半分以上を実効支配しているタリバンも擁護します。

タリバンと昵懇《じっこん》であることを自ら強調しているのが、中田考と内藤正典です。内藤は『イスラム戦争』（集英社新書、2015年）で2012年、所属する同志社大学にタリバンとアフガニスタン政府代表者を招き「和平と平和構築のための会議」を開いた、タリバンは過激なテロ集団などではない、時間をきっちり守る人々であり我々は居酒屋で鍋を囲んで談笑したのだと述べています。そしてこの対話を「成果」とし、大切なのは「信義」であり、日本国憲法第九条こそがイスラム世界の戦乱を平和に導く唯一の精神なのだと強調しています。

中田も、「誠実で公平なホストの面子をつぶすような信義にもとるまねはターリバーンは決してしない」「ターリバーンは（略）20年にわたり過酷なジハードの中でイスラーム学の研鑽を積み信仰の理解を深めつつ、世界に対する見聞を広めてきた話が通じる相手です」と述べています。

しかし実態はどうも異なるようです。国連は2020年前半だけでもアフガニスタン紛争により民間人800人以上が死傷、その半数はタリバンに責任があると報告しました。2020年11月に公開された世界テロ指数では、タリバンは世界で最も多くの人を殺害したテロ組織とされています。

国際人権NGOヒューマン・ライツ・ウォッチ（HRW）は2020年6月、タリバン代表者や支配下にいる人々などへのインタビューをもとにした報告書を公開し、タリバン支配下では人々の基本的人権が著しく損なわれていると批判しました。

内藤はタリバン代表の「我々は女性教育を否定しない」という発言を引用し、彼らは今後、女子教育弾圧という問題が発生したら政府と協力して真相究明をすると自分に約束したと強調しています。中田も、タリバンが女子教育を禁じているというのは「妄言」だと述べています。

ところが同報告書は、実際には初潮を迎えた女子が学校に行くのを認めているタリバンの役人はほとんどおらず、女子の教育を受ける権利は著しく制限されていると指摘しています。女性は男性親族の付き添いなしには外出を認められず、外出する場合にも全身を覆い隠すブルカの着用が義務づけられ、外で働くことも、男性医師の治療を受けることも禁じられています。

タリバン治下の女性について、アムネスティは「権利を奪われ家に閉じ込められ独立性を失った存在」、ＡＦＰ通信は「事実上、囚人のような生活を強いられている」と描写しています。

「イスラム国にもメンツがある」

イスラム研究者は「イスラム国」も擁護します。

内藤正典は２０１４年６月、カリフ制再興宣言について「ムスリムにとって、西欧近代国家の模倣では立ち行かないということを初めて行動で示した画期的な出来事」「カリフ制のイスラーム国ができたなら、どのように共生できるかを対話していけばよいだけ」とツイートしました。

中田は「私としては、新生カリフ制イスラーム国（ＩＳ）を支持しつつ、私自身が考える『あるべきカリフ制』の啓蒙を続けていくしかない。カリフの名前を人口に膾炙《かいしゃ》させる事が、カリフ制再興のために私にできる唯一の貢献だろう」とツイートしました。

中田は自ら移住目的で「イスラム国」へ行ったと認めたのに加え、「イスラム国」に戦闘目的で加わるため渡航準備をした北海道大学の学生を手助けしたとして２０１９年７月、私戦予備・陰謀容疑で書類送検され、後に不起訴処分とされました。

２０１４年８月、イラクで約８０００人のヤズィーディー教徒が「イスラム国」により殺害、誘拐され女性は性奴隷にされたと伝えられると、中田は「ＩＳカリフ国に対して『罪もない市民を殺す残虐行為』などと平気で書ける者は、人間にとって最も重い罪とは創造主を信じずその命令に背くことであり、人は誰でも罪人であり、中でも異教徒は創造主を信じない時点で最悪の罪人、哀れみにより生かされているだけの存在であることに思いが及ばないのか」とツイートしました。

2015年1月には外国特派員協会での会見で、「イスラム国」が日本人2人を人質にとり身代金2億ドルを要求したことについて、日本政府は「イスラム国」に人道支援として金を支払うべきだと主張しました。

宮田律も2014年1月に外国特派員協会での会見で、「イスラム国にもメンツがあると思います。そのイスラム国のメンツを考えても、日本がイスラム国に貢献するような、その住民たちを支援するというのは、例えば衣料品の供与とか提供というのは、日本がイスラム国の支配下の人たちにやってもそんなに大きな批判は受けないという気がします」と述べました。

内藤は2014年6月には「イスラム国」が行っている処刑について、「イスラーム法に従って秩序を守ったということ。（略）これを残虐と言うのなら、アサド政権の樽爆弾攻撃や、アメリカ軍の無人機による誤爆がどれだけ罪なき人々の死体の山を築いたかを知らねばならない」、8月のヤズィーディー教徒大虐殺後には「こういうことになると、イスラーム国が恐ろしく残酷と言われるだろうが必ずしも当たっていない。イスラーム法の規定によって処刑したり殺害したりはするだろうが、それでもイスラエルのようにいきなり子どもたちを吹き飛ばしたりしないし、エジプトのシシ政権のように平和的デモを銃撃したりもしない」とツイートしました。

板垣は2015年4月に京都大学で実施された講演会で、「イスラム国」は確かに野蛮だが、イスラエルのパレスチナに対する蛮行はそれよりはるかにひどいと述べ、「私たちは、欧米の国々が近代的な装備で行う蛮行を、野蛮だと認識しない」と日本と欧米を非難しました。

イスラム研究者は無関係な例を引き合いに出すことで論点をすり替え、「イスラム国」の残虐性から私たちの注意を逸らそうとしています。これは明らかな詭弁です。

政治信条やイデオロギーの投影の対象

イランとタリバン、「イスラム国」はいずれもイスラム法による統治を実践しています。イスラム法による統治とは、イスラム教だけが真理とされ、生活の全てがイスラム法に従って執り行われるイスラム絶対体制であり、そこでは自由も平等も人権も保障されず、どのように残虐で無慈悲な行為もイスラム法の名の下に正当化されます。何がイスラム法かを判断するのはそれぞれの組織の支配者ですから、実態はこれらの支配者による独裁です。

イスラム教が世界を支配するとは、この体制が世界中に広まるということです。カリフ制が再興されれば私たちのような異教徒にとっても「真に自由でグローバルな世界」が実現されるという中田の主張する理念は、あまりにも現実から乖離しており荒唐無稽です。中田がイスラム研究の「権威」とされているがゆえに、内田樹などの知識人がこれを鵜呑みにし「ワクワクした」などと浮かれるのは、歴史認識にも現状認識にも欠けた迂闊《うかつ》で軽率、かつ無責任な態度と言わざるを得ません。

おそらく内田らは、本当はイスラム教そのものにはそれほど興味はないのでしょう。彼らのよって立つところはいわゆるポスト・モダニズム、つまり西洋近代の批判です。彼らの目的は、イスラム教という近代ではないものを賛美することを通して近代や日本を批判することにあるので、イスラム教についての客観的知識などむしろ不要なのでしょう。

そしておそらくイスラム研究者の多くも、本当はイスラム教そのものにはそれほど関心はないのです。彼らの主たる目的も、イスラム教という近代ではないものの専門家という特権的な立場に君臨することにより、利権を得ることにあると思われます。

つまり彼らが関心を持っているのは、彼らの政治信条、イデオロギーを投影するにふさわしい「好都合なイスラーム」だけなのです。イスラム教を客観的に研究した結果、「不都合な真実」が明らかになり、「やはり日本や近代のほうがいいではないか」という結論に至るのは、絶対に避けなければならないのです。

だから彼らは「イスラームは全てを包含する」と言いつつ、「テロだけはイスラームではない」と除外し、その一方でイスラム過激派を「差別された被害者」と位置づけ、彼らを「反米、反近代の雄」として支持するのです(詳細は第四章)。彼らは研究対象としてイスラム教に真摯に向き合う代わりに、イスラム教を自分の好きなように弄んでいるのです。

彼らは、自らのイスラム贔屓《びいき》を隠そうともしません。

井筒俊彦は『イスラーム文化』（岩波文庫、1991年）で「片手にコーラン、片手に剣」というイスラム教についての「通俗的な表現」について、「イスラームなるものをこんな考え方で簡単に片付けられては困るのでして、イスラーム教徒ならずとも、客観的事実に反するという意味で否定したくなります」と憤っています。

板垣も『歴史の現在と地域学』（岩波書店、1992年）で、「『コーランか剣か』というのは、いうまでもなく、ヨーロッパ社会のがわで捏造した議論」と述べ、東京大学名誉教授の鈴木董《ただし》も『オスマン帝国　イスラム世界の「柔らかい専制」』（講談社現代新書、1992年）で「『コーランか剣か』の選択を異教徒に迫る、戦闘的な不寛容の宗教」という日本のイスラム観は「かつて西欧人が作り出した歪んだイメージ」だと述べ、中田考も『イスラームがよくわかるQ&A100』でこれを「偏見」と批判しています。

しかしイスラム法学者イブン・タイミーヤが「宗教（イスラム教）の基礎は、啓典が導き、剣が勝利するというものである」と述べたこと、ムスリム同胞団のロゴに『コーラン』と剣が使用されていること、ホメイニが「イスラム教の偉大なる預言者は、片手に『コーラン』、片手に剣を持っていた」と述べたことなどに象徴されるように、これは西洋の捏造ではなくイスラム教徒がイスラム教に対して抱く理想的イメージです。イスラム研究者はこうした素養もないか、もしくは不都合なのでウソをついているのです。
宮田は『イスラムの人はなぜ日本を尊敬するのか』で、次のように述べています。

筆者はもう35年近く、イスラム世界の研究を専門としてきた。各国に親しい友人や知人も多い。それだけに、時として平均的な日本人よりも「親イスラム」の傾向が強くなってしまっていることは否定できない。いや、正直に言えば知らず知らずのうちに、彼らの「反米思想」に影響を受けてしまっているところもあるかもしれない。しかし、それでいいのではないか、と思う。

小杉は『イスラームとは何か』で次のように述べています。

そもそも私はイスラーム研究が好きである。「好きこそものの上手なれ」というように、何かを研究する者は研究対象も、研究すること自体も好きであるべきだと思う。（略）イスラームを研究することにこだわるには、個人的な好き好みを超えた認識もある。それは、私たちのこの国、あるいはこの文明がどのようなものか、ということに関わっている。（略）

自分たちにとって未知の文明の中から学びうるものを探す作業には、大いに意味があると思われる。

イスラム研究者のイスラム教を見る眼差しには憧憬や尊崇の念だけがあり、憧憬や尊崇の対象とならないような要素は巧みに隠蔽されます。イスラム研究業界においては、「イスラム教に対するあらゆる批判的視点を回避しなければならない」というのが暗黙の了解なのです。

私たちは彼らの扇動に乗せられて「イスラーム」などという呼称を使い、それに特権的地位を与える必要などありません。他の宗教と同様に「教」をつけて、「イスラム教」と呼べばいいのです。一方では多様性の尊重や平等を唱えながら、他方ではイスラム教だけを特別扱いせよと主張するのは、明らかな自己矛盾です。

イスラム教は自由や平等、民主主義と対立するイデオロギーです。もし仮にイスラム教によって全世界が統治されることになっても、「真に自由でグローバルな世界」など実現されません。それがイスラム研究者の幻想にすぎないことは、イスラム教の教義と歴史、今の世界の現実がすでに証明しています。

第三章　「イスラムは異教徒に寛容な宗教」か

高校世界史の教科書にも描かれる「寛容さ」

「イスラムは異教徒に寛容な宗教」という言説が、日本では一般に流布しています。

日本の高校で最も広く使用されている山川出版社の教科書『詳述世界史』にも、13世紀末～20世紀初頭のイスラム帝国であるオスマン帝国について、「帝国内に住むキリスト教徒やユダヤ教徒の共同体には自治を認め、イスラーム教徒との共存がはかられた」と記されています。

橋爪大三郎も『一神教と戦争』で、「イスラームの側には宗教的寛容が備わっていて、ユダヤ教共同体やキリスト教共同体と共存する仕組みが整っています」と高く評価しています。

イスラム研究者も、「イスラムは異教徒に寛容な宗教」である旨で一致しています。

笹川平和財団編『アジアに生きるイスラーム』（イースト・プレス、２０１８年）には、「イスラームは古くから、砂漠の旅人を敬意を持って受け入れてきたため『寛容の宗教』と呼ばれてきた」とあります。

京都大学大学院教授の東長靖《とうながやすし》は『イスラーム世界がよくわかるQ&A100』で、「イスラームはキリスト教よりよほど寛容な宗教」「彼らは異教徒の存在もみとめますし、それと共存する智恵も持ち合わせている」と述べています。

東京外国語大学教授の飯塚正人も同書で、「ユダヤ人を差別・迫害してきたのは誰よりもヨーロッパのキリスト教徒」「イスラームとユダヤ教はずっとそれなりの友好関係を維持してきました。ムスリムはユダヤ教徒が人頭税（ジズヤ）さえ納めれば、信仰の自由を認める政策を採ったからです」と述べています。

この「政策」とは、ユダヤ教徒やキリスト教徒といった「啓典の民」をズィンミーとして扱い、一定の条件下に生存を認める制度の適用を意味します。飯塚が恩師と称える板垣雄三は『石の叫びに耳を澄ます』（平凡社、1992年）でズィンミーを、「イスラムの支配のもとにその主権を認め、人頭税の支払いを条件として信仰と社会生活の自由を享受しうる被保護民」と定義しています。

井筒俊彦は『イスラーム文化』で、次のように述べています。

この「啓典の民」という概念の特徴は、イスラーム教徒ではなくとも、「啓典の民」として認められさえすれば立派にイスラーム共同体の内的構成員、構成要素でありうるということです。（略）無論、その位置はイスラーム教徒よりも低くて、「被保護民ジンミー」という従属的なものです。そのしるしとして特別の税金も課されます。ついでながら、その税金が経済的にはイスラーム教徒の主な財源となったのでありますが、とにかく重い税を払わされる。これが、「被保護者」たちにとってはかなり屈辱的だったらしいのですが、しかし、その代わり、生命財産は完全に保護され、平和が保障されます。

井筒はさらにイスラーム共同体について、「単にイスラーム教徒だけでできている共同体ではなくて、イスラーム教徒がいちばん上に立ち、その下に複数のイスラーム以外の宗教共同体を含みながら、一つの統一体として機能する」「選ばれた集団でありながら、しかも外に向かって大きく門を開いている。開放的であって、排他的でない。（略）誰でもその一員になることが許されるのです」と称賛します。

井筒はズィンミーに対する差別を全く問題視しないどころか肯定し、差別されていても「立派なイスラーム共同体の内的構成員」なのだと高く評価します。

鈴木董も『オスマン帝国』において、中世西欧のキリスト教は「異教徒に対して非常に不寛容」で異教徒を虐殺、迫害したのに対し、オスマン帝国は「かれらをあたたかく受け入れた」のであり、そこには「民族も宗教も異にする人々を、ゆるやかに一つの政治社会の中に包み込む、統合と共存のシステムがあった」とし、「そのシステムがいかに優れたものだったかは、オスマン朝の支配が六百数十年も続いたことが証明している」と高く評価、「イスラムは、少なくとも前近代のキリスト教と比較すれば、はるかに寛容な宗教であった。イスラム世界では、ムスリムはキリスト教徒やユダヤ教徒と仲良く共存していた」と主張します。

このようにイスラム研究者は西洋キリスト教世界と対比し、イスラム的共存を極度に美化しますが、ここには問題があります。

宗教による差別を大前提とした「イスラム的共存」

第一に、イスラム的共存は宗教による差別を大前提とした共存です。『コーラン』第3章19節には、「神の御許の宗教はイスラムのみ」とあります。ゆえにイスラム教は、イスラム教徒と異教徒を峻別し、真の宗教たるイスラム教を拒絶する異教徒を公然と差別します。両者は全く対等でも同権でもないのです。

『コーラン』には不信仰者について、侮蔑的で懲罰的な章句が数多くあります。例えば『コーラン』第5章60節には、「神は彼らを呪い、彼らに怒り、彼らをサルやブタにした」とあります。

インドネシアのスラバヤでは2019年8月、パプア人というメラネシア系キリスト教徒の学生がインドネシア国旗を破損したという噂が広まり、イスラム教徒住民や警官がパプア人学生の寄宿舎を取り囲み「サル!」「ブタ!」と侮蔑的な言葉を浴びせたことをきっかけに、パプア人が「我々はサルではない!」とプラカードを掲げてデモを行い、暴動に発展しました。

エジプトのキナー県では2011年4月、キリスト教の一派であるコプト教徒が知事に任命されたことに対し、1万人以上のイスラム教徒が「あいつは不信仰者のブタだ!」「ブタ野郎に支配などされてたまるか!」などと怒声を上げながら抗議デモを行い、知事はたちまち解任されました。

社会心理学者のニール・J・クレッセルが指摘しているように、イスラム教徒がキリスト教徒やユダヤ教徒をサルやブタと罵る理由は啓示に由来しており、それは今の世界はサルやブタに支配されイスラム教徒が蔑《ないがし》ろにされているという陰謀論と深く結びついています。

『コーラン』には、「あなたがた信仰する者よ、ユダヤ人やキリスト教徒を仲間としてはならない」（第5章51節）という章句もあります。

インドネシアでは2016年9月、当時ジャカルタ特別州知事だったキリスト教徒のバスキ・プルナマ（通称アホック）が選挙演説でこれに言及し、「これを悪用する者に惑わされているからあなたたちは私に投票できないのだ」と述べたことに対し、イスラム組織が中心となって「アホックは『コーラン』を冒瀆《ぼうとく》した！」と大規模デモを実施しました。アホックは宗教冒瀆罪で起訴され、禁錮2年の実刑判決を受けました。

2013年のピュー調査では、チュニジア人の100％、モロッコ人とパキスタン人の98％、トルコ人とバングラデシュ人の97％が「親しい友人のほとんどはイスラム教徒である」と回答しています。これらは国民の大多数がイスラム教徒の国ですが、多民族・多宗教国家であるタイのイスラム教徒も96％、インドネシアのイスラム教徒も95％、マレーシアとレバノンのイスラム教徒も94％がそう回答しています。彼らは『コーラン』に忠実に生きているのです。

『コーラン』第9章28節は多神教徒について、「彼らは本当に不浄」としています。第二代正統カリフのウマルは多神教徒について、「彼らの血は犬の血にすぎない」と語ったと伝えられています。イスラム教の教義において不浄とされるものは、犬の他にも豚、人間や動物の大小便などが挙げられます。私たち日本人のような多神教徒はそれらと同じ「不浄」カテゴリーに分類され、その血は流されても問題ない、つまり殺しても差し支えないとされます。『コーラン』第98章6節には、啓典の民も多神教徒も「被造物の中で最悪の者」とあります。

第3章10節には「不信仰者の財産も、その子供たちも、神の前には何の役にも立たない。かれらは（地獄の）業火の薪となるだけ」、第3章116節には「かれら（不信仰者）は地獄の住人であり、永遠にその中に住む」とあります。

ピューの同調査では、どの宗教の信者が天国に行くと思うかという質問に対し、エジプト人とヨルダン人の96％、イラク人の95％、モロッコ人の94％、マレーシア人の93％が「イスラム教徒だけ」と回答しています。

池上彰は『高校生からわかるイスラム世界』（集英社、2010年）で、「ユダヤ教徒も、キリスト教徒も、神様を真剣に信仰していれば、天国に行けると『コーラン』に書いてあるのです」と述べていますが、そう信じているイスラム教徒はほとんどいません。

NPO「学校教育における平和と文化的寛容の監視のための研究所（IMPACT-se）」は2020年8月、カタールの教科書238冊を分析し、キリスト教徒とユダヤ人は不信仰者であり地獄に落ちると教えている、世界の権力や市場を支配し操っているのはユダヤ人であるという陰謀論を広め憎悪を煽っているなどイスラム主義の影響が顕著であり、ユネスコが定める「学校教育における平和と寛容」の基準を下回っていると報告しました。

異教徒は「殺すべき対象」

第二に、イスラム教において異教徒は基本的に「屈服させるべき敵」「殺すべき対象」です。なぜなら『コーラン』第４章１０１節は異教徒を「あなたがた（イスラム教徒）の公然たる敵」とし、第9章29節は「彼ら（異教徒）が手ずから人頭税（ジズヤ）を納め、屈服するまで戦え」と命じているからです。

また『コーラン』第31章13節は「多神崇拝は甚大な悪」とし、第9章5節は「多神教徒を見つけ次第殺し、またはこれを捕虜にし、拘禁し、またすべての計略（を準備して）これを待ち伏せよ」と命じています。

預言者ムハンマドは信者に対し、多神教徒に出会ったらまずはイスラム教を受け入れるよう求め、それを拒否するならば人頭税を支払うよう求め、それも拒否するようであれば彼らと戦えと命じた、とハディースに伝えられています。

異教徒に残された選択肢は、最も多い場合でも改宗、服従、死の三つです。異教徒が服従して人頭税を差し出すことにより、二級市民としてイスラム支配下に生きることがいわゆるイスラム的共存であり、それを受け入れない限り異教徒はジハードの対象となります。

しかも実際は、選択の余地なく殺害されるケースが多いのが現実です。２０２０年11月、インドネシアのスラウェシ島ではキリスト教徒４人が殺害され、うち一人は斬首された状態で発見されました。「イスラム国」はこれについて、カリフ国の兵士たちが「不信仰者であるキリスト教徒」の村を襲撃し、4人を殺害し教会と家を燃やすことに「成功」したと声明を出しました。「イスラム国」などのイスラム過激派が異教徒を狙い撃ちにした例は、枚挙にいとまがありません。

中田考は『一神教と戦争』で、「人間もジハードであれば相手を殺してもいいわけです。ただし、イスラームの場合には、異教徒であっても、民間人、特に女・子供は、奴隷にはできますが、殺してはいけないという決まりがある」と述べています。

中田は「女子供を殺さないイスラームは寛容」と言いたいようですが、例えば中世イスラム世界の高名な思想家イブン・ハズム（1064年没）は、「多神教徒のうちそれ（女子供）以外の者は、戦闘員であれ非戦闘員であれ、商売人であれ雇われ人であれ、年寄であれ農夫であれ、聖職者であれ、盲人であれ足が不自由な者であれ、例外なく殺すことが許される」と述べています。同じくイブン・クダーマ（1223年没）はズィンミーではない異教徒について、「彼の血を流すことは豚のように例外なく許されている」と述べています。「ジハードであれば相手を殺してもいい」という中田の主張は、私たちの社会においては到底受け入れられません。

元東京都知事の舛添要一は2019年10月、イスラム教に改宗したフランス人がパリ警視庁内で同僚4人を刺殺した事件について、「イスラムの教えそのものは、ヒューマニズムに溢れたものであり、イスラム教徒に対する偏見につながってはならない」とツイートしました。しかし特定の人間の殺害を教義で認めるイスラム教は、明らかに普遍的ヒューマニズムには立脚していません。

もちろんこうした事件が、イスラム教徒差別につながるようなことはあってはなりません。しかしそれは「イスラムの教えがヒューマニズムに溢れたものだから」ではなく、単に宗教を理由にした差別が不正だからです。日本や欧米、近代を批判したい気持ちを持て余すポストモダン風文化人は、イスラム教についてほとんど何も知らないにもかかわらず、「反近代」だからという理由でイスラム教を安易に賛美する傾向にあります。彼らはイスラム教に寄り添うふりをしてそれを利用し、知識人を気取っているだけです。

現代でもイスラム教徒が異教徒への憎悪、敵意を剝き出しにする例は少なくありません。ムスリム同胞団のイデオローグ、カラダーウィーは２００９年１月にアルジャジーラＴＶで、「私は残り少ない人生の中で、できるなら車椅子に乗ってでもジハードの地に行きたい。私は神の敵であるユダヤ人を撃ち、彼らは私に向かって爆弾を投げるだろう。そして私は殉教者として生涯を終えるのだ」と恍惚として語りました。カラダーウィーは同ＴＶで「イスラム法と人生」という番組のアンカーを長く務め、彼の激しい反ユダヤ発言は同番組の名物でした。

なおアルジャジーラは日本では「中東のCNN」「公正なメディア」などと紹介され、NHKが契約を結びBS「ワールドニュース」などでそのニュースに日本語訳をつけて放送していますが、同局がカタールのプロパガンダ機関であり、反米、反ユダヤ主義であるだけでなく、テロ組織支援や他国に対する内政干渉もしていることは、シェリー・リキアルディやワリード・ファレスら多くの識者が指摘しています。サウジアラビアやエジプトなど同局の取材や放送を禁じている国も複数あり、2020年9月には米政府がアルジャジーラ系メディア「AJ+」を「外国のエージェント」に指定しました。

イギリス人ジャーナリストのヒュー・マイルズは、アルジャジーラの収益の大半は海外メディアが支払う映像使用料であり、NHKの支払う金はアルジャジーラの赤字を埋め合わせるのに役立っているようだと指摘しています。日本国民がNHKに支払う受信料の一部はアルジャジーラに渡り、ジハードや異教徒へのヘイト・イデオロギーを広めるのに使用されている可能性があるのです。

イスラム教徒の異教徒に対する憎悪の表出は、イスラム諸国以外でも確認されます。イスラム教徒移民が多いことで知られるスウェーデンのマルメでは、2015年10月と2020年9月に行われたデモでイスラム教徒が「ユダヤ人を殺せ！」と叫びました。反ユダヤ主義は子供の間でも広がり、マルメではユダヤ人の生徒に対し、ユダヤ人だとわかるようなネックレスなどを装着しないよう注意喚起されています。

メディアで天才哲学者と絶賛されるマルクス・ガブリエルは『世界史の針が巻き戻るとき』（PHP新書、２０２０年）で、「もはやユダヤ人を殺せなどという人はいない」と述べていますが、これはウソです。ガブリエルは同書で、高校時代の親友がイスラム教徒だったので自分はイスラム教徒への偏見を克服することができたと告白していますが、今も公然と「ユダヤ人を殺せ」と主張するイスラム教徒が多数いるのは事実であり、偏見ではありません。

棄教者は死刑

第三に、イスラム教はイスラム教徒が信仰を棄てること（棄教）、他宗教に改宗することを一切認めません。

預言者ムハンマドの「宗教（イスラム教）を変えた者は誰であれ殺せ」というハディースなどを典拠に、教義上、棄教は死罪とされ、現在も20以上のイスラム諸国が棄教を犯罪と定め、少なくとも10カ国で棄教者に死刑判決が下されています。たとえ欧米在住であっても、棄教者は周囲のイスラム教徒から脅迫や嫌がらせを受けます。

イランでは２０２０年６月、イスラム教を棄教しキリスト教に改宗した７人に対し、キリスト教の本やシンボルを所持していたことなどを証拠に「国家反逆のプロパガンダを広めた」

として有罪判決が下されました。２０２０年8月にもキリスト教への改宗者7人に対し、最高で禁錮15年の実刑判決が下されました。ホメイニを含む多くのイスラム法学者は、法の裁きなしに棄教者を殺害することも許容しています。

２０１９年１月には、タイの入管でラハフ・モハンマドという18歳のサウジアラビア人女性がビザの不備で拘束されたものの、イスラム教を棄てたので国に帰ると家族に殺されると主張し、それが理由で難民認定されカナダに移住するという事件が起こりました。サウジで棄教が命に関わる事案であることは、国際的に認知されているのです。

イスラム研究者はしばしば「イスラムは異教徒に寛容な宗教」であることの証拠として、『コーラン』第２章２５６節「宗教に強制なし」を挙げます。ではなぜ棄教は禁じられるのでしょうか。

これについては例えばクウェートの法学者ウスマーン・ハミースが２０１９年１月、棄教者は棄教という罪を犯したから死刑に処されるだけであり、これは宗教の強制とは無関係だという法令を出しました。

イスラム教では棄教も不信仰も、それ自体が罪だとされています。ゆえにその罪を犯した者を死刑に処すことは、「宗教に強制なし」とは全く矛盾しないのです。

カラダーウィーが２０１３年2月にエジプトのテレビで、「もしイスラム教が棄教を放置してきたら、今日イスラム教は存在していなかっただろう」と述べたように、棄教者は殺されるべきだという考えはイスラム教が絶対真理であるという信念と強く結びつき、社会に深く浸透しています。このことはイスラム社会に表現の自由がないこととも関係しています。

１９８９年に小説『悪魔の詩』を書いた作家サルマン・ラシュディに対しホメイニが死刑を命じたのも、ラシュディが預言者ムハンマドを冒瀆した棄教者だとみなされたからです。同書を日本語に訳した筑波大学助教授の五十嵐一は１９９１年、何者かによって首を斬られて殺害されました。

１９８８年にノーベル文学賞を受賞したエジプト人作家ナギブ・マフフーズも、神を冒瀆した棄教者だと非難され、１９９４年には何者かによって首を斬りつけられ重傷を負いました。

２０１３年のピュー調査では、エジプト人の86％、アフガニスタン人の79％、パキスタン人の76％、マレーシア人の62％が、棄教者は死刑に処されるべきだと回答しています。イスラム教徒のほとんどは棄教者を自ら殺害したりはしませんが、棄教者は殺されて然るべきだと信じているのです。

『コーラン』の冒瀆は許さない

第四に、イスラム教は異教徒が預言者ムハンマドや『コーラン』を冒瀆することも決して許しません。

パキスタンでは、2010年に預言者ムハンマドを冒瀆した罪で死刑判決を受けたキリスト教徒女性アーシア・ビビの逆転無罪が2019年に確定しましたが、その過程においてビビを支援したパンジャブ州知事と連邦少数民族相が殺害され、弁護士も殺害予告を受け国外退避しました。説教師マウラナ・ユサフ・クレシはビビ殺害に賞金をかけ、「彼女は絞首刑に処されるべきであり、さもなければ我々はタリバンやジハード戦士に彼女を殺すよう依頼する」と演説し、人々から喝采を浴びました。

パキスタンの人口の98%を占めるイスラム教徒は冒瀆法を強く支持しているだけでなく、冒瀆の疑惑を持たれた人物を私刑により殺害することも是とし、弁護士や支援者など告発された人物の擁護者を殺害することも厭わない場合があります。

2020年7月には預言者ムハンマドの冒瀆容疑で起訴されたアフマディー教徒を15歳のイスラム教徒の少年が銃殺し、少年は人々からジハード戦士と称賛されました。

米国際宗教自由委員会（USCIRF）は2020年、パキスタンについて、信教の自由が著しく制限されており、今も80人近くが冒瀆罪で投獄されたままで、うち半数が終身刑または死刑に直面していると報告しています。

『コーラン』に関わる問題もしばしば冒瀆と結びつき、大問題に発展します。

２０２０年５月には、パキスタンでヒンドゥー教徒の獣医師がコーラン章句の印刷された紙に薬を包んでいたとして冒瀆罪で告訴され、怒り狂ったイスラム教徒がヒンドゥー教徒の店や家に放火する暴動が発生しました。

日本でも２００１年、富山県で『コーラン』が破り捨てられる事件が発生し、在日イスラム教徒数百人が警察につめかけて抗議し、富山県だけでなく東京でもデモを行い、「許しがたい冒瀆」などと記した上申書を外務省に手渡すという騒動に発展しました。

これについて当時の小泉純一郎首相は、「イスラム教を信仰する人々の感情が大きく傷つけられたことは誠に残念なことであり、深い同情の念を有する」と述べましたが、これを単に「気持ち」の問題と捉えるのは甚大な過ちです。冒瀆者を死刑に処するのはイスラム教における宗教的義務です。そして実際に、冒瀆を理由に多くの人が殺害されたり死刑判決を受けたりしているという事実は、イスラム教徒との共存においては必須の知識です。

問題とされるのは、『コーラン』だけではありません。

２０１９年11月には人気のテレビアニメ『鬼滅の刃』のブルーレイおよびＤＶＤ第４巻の特典ＣＤに、イスラム教の礼拝を呼びかけるアザーンの声がミックスされたサントラが収録されていることがイスラム教徒に非難され、制作会社が回収する事態に至りました。

ツイッターでこの問題を指摘したアラビア語の投稿には、「知らずにやったとは考えがたい。我々は許す必要などない」「アザーンという聖なるものを音楽と混ぜ合わせる行為は許しがたい」といった怒りのコメントが、様々な言語で書き込まれました。

ズィンミーへの迫害

第五に、イスラム的共存は優れたシステムでイスラム教徒は異教徒と仲良く共存していた、というのはあくまでもイスラム教徒の側の見解にすぎません。

イスラム世界におけるユダヤ人について多くの作品を残したチュニジア生まれのユダヤ人作家アルベール・メンミ（2020年没）は代表作『植民地（*Portrait du colonisé*）』において、「アラブ諸国におけるユダヤ人の『牧歌的』生活というのは妄想にすぎない。私自身の思い出、私が父から聞いた話、祖父やおじやおばからきいた話に関して言えば、アラブ人との共存は容易なものではなく、脅迫に満ちたもので、その脅迫は繰り返し現実のものとなった」と述べています。

ズィンミーという身分については、「アラブ世界のユダヤ人は2～3の例外を除き、自らの身分を自覚すべく屈辱的で脆弱な立場に置かれ、定期的に虐待、殺害されてきた」「ユダヤ人は最良の場合には動産の一部を成す犬のように保護されるが、もし頭を上げたり人間のように振舞ったりするなら、自分の身分を常に覚えておくよう殴り倒されねばならない」と描写しています。

それでもヨーロッパのユダヤ人よりはよかったのではないかという主張に対しては、「アラブ人イスラム教徒が多数派の国には、彼らと対等の平和と尊厳を享受する少数派などいなかった」と反論しています。

歴史的にもズィンミー迫害の事例は多くあります。11世紀のエジプト、12世紀のイベリア半島と北アフリカでは、キリスト教徒とユダヤ教徒の大虐殺と強制改宗がしばしば発生し、14世紀のエジプトやイラク、16世紀のリビア、17世紀から19世紀にかけてのイランでもそれは繰り返し発生しました。私自身もズィンミー迫害について論文を書いています。

イスラム教徒の子供たちがズィンミーに石をぶつけたり、殴る蹴るの暴力をふるったり、つばを吐いたり、罵ったりする「慣行」も、様々な時代、地域で記録されています。メンミは、ユダヤ人はイスラム教徒とすれ違う時には頭を叩かれることを覚悟しなければならない、なぜならそれはイスラム教徒にとって、ユダヤ人に劣位を思い出させるための「楽しい儀式」だからだと記しています。

今もイスラム諸国で、子供に石をぶつけられたり頭を叩かれたりする経験をする外国人が少なくないのは、背景にこの「伝統」があるからです。私の知人や友人にも、これを経験した人は多くいます。

現代のイスラム学者マジド・ハッドゥーリーは、イスラム法は世界を「イスラムの家」と「戦争の家」に峻別し、前者にはイスラム教徒と異教徒が共存するが、完全な権利を享受するのはイスラム教徒だけで異教徒は一部の権利しか享受せず、参政権も認められず、イスラム当局への完全服従が義務づけられる、と明確に説明しています。

一方、これらの歴史的事実や実証的研究、経験者の証言とは大きく異なり、日本のイスラム研究者はイスラム的共存を過剰に賛美します。

宮田律は『現代イスラムの潮流』で、「イスラムでは、ユダヤ教徒やクリスチャンを『啓典の民』として寛容に扱ってきた。（略）すなわち、ムスリムにはユダヤ教徒やクリスチャンを敵視する姿勢はなく、これらの異教徒は『被保護民（ズィンミー）』と呼ばれ、この『ズィンミー』は高貴な意味すらもっている」と述べています。

板垣雄三は『石の叫びに耳を澄ます』で、「もちろん『被保護民』としての不満がなかったわけではない。だがむしろ、歴史的にはイスラム国家におけるユダヤ教徒の実務的官僚などとしての寄与の方が目立つのである」と論点をすり替え、イスラム社会を「ユダヤ教徒もキリスト教徒もイスラム教徒も、平和のうちにまざりあって生活するのが当たりまえという寛容の社会」と高く評価しています。

中田考は『一神教と戦争』でズィンミー制について、「異教徒たちは全員武装解除されます。その代わり、彼らを守るのがイスラーム教徒の義務となります」と、まるでズィンミーが軍役を免除された特権階級であるかのように述べています。

しかしエジプト生まれのコプト教徒研究者ギルギス・ナイエムは、イスラム教徒男性がズィンミーを庇護するのは女性を庇護するのと同様であり、この庇護は女性やズィンミーの劣位の裏返しにすぎないと批判しています。ズィンミーの立場から見ると、ズィンミー制は異教徒を永遠に劣位に留め置くための構造の一環にすぎません。

国民国家を憎悪し諸悪の根源と信じる中田は『一神教と戦争』で、「国民国家という枠ではなく、さまざまな人間を包摂しうるイスラーム的な考え方が、破滅への道を防ぐ考え方のひとつのヒントになる」と主張しています。しかしイスラム的な包摂とは、異教徒をズィンミーという劣位に留め置き、完全な服従を強いるかたちで取り込むというものであり、そこでは差別が前提とされ、対等性や政治的多元性は一切保障されません。

中田は2020年4月には、京都の祇園祭が新型コロナウイルス感染症の拡散防止のため中止になったことについて、「神道はこれで滅びればよい。アッラー以外に神はなく、カリフ以外に統治者はなく、イスラーム以外に宗教はない」とツイートしました。これがイスラム教徒としての本音なのでしょう。

「さまざまな人間を包摂しうるイスラーム」といった「美しい理念」は、異教徒に対する差別や抑圧の実態を隠蔽し、あるいは正当化するための方便にすぎません。理想的なイスラム的共存などというものは歴史上、ほとんど実在しなかったのです。

イスラム的共存を認めてよいのか

第六に、宗教による差別を撤廃した近代国家において、差別を前提とするイスラム的共存を理想的だと賛美することはすなわち、差別の正当化を意味します。

カリフォルニア大学ロサンゼルス校法科大学院のハーリド・アブルファドル教授は、自身もイスラム教徒ですが、ズィンミー制について、「国民国家と民主主義の時代においては不適切である」と否定しています。

実際、現代社会におけるイスラム的共存は、むしろイスラム教徒の異教徒に対する差別、迫害という問題を露呈させています。

パキスタンの学校で使用されている教科書には、ヒンドゥー教徒など宗教的少数派への差別や偏見を助長する記述に加え、ジハードや殉教の奨励、戦争や武力行使の賛美、歴史的事実の歪曲などが数多く含まれており、公教育が反ヒンドゥー・イデオロギー刷り込みに利用されていると批判されています。反ヒンドゥーはパキスタンのナショナリズム高揚のための主軸です。

パキスタンでは毎年数百人のヒンドゥー教徒の少女がイスラム教徒に誘拐され、強制的に改宗させられた上で結婚を強いられている他、身代金目当ての誘拐、略奪、暴行などの標的とされており、毎年数千人のヒンドゥー教徒がインドに移住を余儀なくされていると報告されています。ヒンドゥー教徒人口は減少し続け、現在は人口の２％未満を占めるにすぎません。

イスラム教の教義由来の異教徒差別やヘイトが公教育を通して人々に浸透し、宗教的少数派が政治参加、結婚、信仰の自由など生活のほぼ全ての面において法的・社会的差別を受けていること、過激派だけでなく社会全体からも組織的攻撃を受けていることは、欧州委員会や米国際宗教自由委員会の他、多数のＮＧＯや研究機関もたびたび指摘しています。

パキスタンにおけるヒンドゥー教徒の現状は、中東やアフリカのイスラム諸国におけるキリスト教徒の現状と類似しています。

２０１７年に発行された英国際開発省の報告書によると、今から1世紀前、キリスト教徒は中東の人口の20％を占めていたものの、現在は3～４％にまで減少しており、それは彼らに対する暴力や迫害、それらを理由とする移住が原因だとされています。

キリスト教徒人口はシリアでは２０１１年から２０１９年までに75％減少し、イラクでは２００３年から２０１９年までに87％減少、中東のキリスト教徒は各地で「絶滅」の危機に瀕しています。

イスラム教徒によって征服された7世紀以前、エジプトの住民のほとんどはキリスト教の一派であるコプト教徒でしたが、現在コプト教徒はエジプト国民の1割ほどしかいません。イスラム教徒はこれを、コプト教徒がイスラム教という真の信仰に目覚めたからだと説明しますが、コプト教徒は、イスラム教徒による迫害に耐えかねたコプト教徒が、やむを得ず信仰を棄てたにすぎないと説明します。

２０１１年の「アラブの春」以降、治安が悪化したエジプトでは、コプト教徒やコプト教会がムスリム同胞団や一般のイスラム教徒による攻撃の標的とされました。

２０１１年4月から２０１２年6月までの15カ月間に、24カ所のコプト教会が襲撃され、62人のコプト教徒が殺害され、２０１１年3月から9月までだけでも10万人以上のコプト教徒がエジプトから脱出し、外国に移住したとされています。２０１１年から２０１３年までに性的搾取や結婚目的、営利目的で誘拐されたコプト教徒少女は５００人以上にのぼるとされます。

歴史研究者デイヴィッド・ゼイダーンは、エジプト国民の中には今もコプト教徒のことを差別されるべきズィンミーとみなしている人が多いと指摘していますが、それが事実だと明らかになったのは2012年にムスリム同胞団が政権の座についた時のことです。政治家やイスラム教指導者らは、「コプト教徒はズィンミーなのでジズヤを課すべき」と口々に主張し、「年間2ポンドが妥当だろう」など具体的な金額についても論じ始めました。

エジプト紙「ドストール」は2013年、ミニヤ県ダルガ村のコプト教指導者の話として、ムスリム同胞団員が1万5000人のコプト教徒住民全員にジズヤの支払いを強制したと報じました。支払いを拒否したコプト教徒は襲撃され、40家族が避難を余儀なくされたと伝えられています。

ナイジェリアにおけるキリスト教徒迫害も苛烈です。2009年から2020年までに、3万2000人以上のキリスト教徒がイスラム教徒によって殺害されたと報告されており、人権団体はキリスト教徒の村や教会が攻撃され、農場が燃やされ、キリスト教徒が殺されたり誘拐されたり、女性が性奴隷として連れ去られたりしていると窮状を訴えています。

国際キリスト教人権監視団ＩＯＣによると、イスラム過激派は2020年の第一四半期だけでもナイジェリア全土でキリスト教徒の村を70回以上襲撃し、何百万人もの人に被害を与えました。

世界のキリスト教徒の迫害の実態を報告している組織、オープン・ドアーズは2020年のリポートで、キリスト教徒が最も激しい暴力にさらされている国は1位パキスタン、2位ナイジェリア、3位エジプトだとしています。パキスタンとナイジェリアは米国際宗教自由委員会により、最も信教の自由の侵害がひどい「特に懸念のある国」にも指定されています。

オープン・ドアーズは、世界では毎日8人のキリスト教徒が信仰のために殺され、毎週182カ所の教会やキリスト教系の建物が襲撃され、毎月309人のキリスト教徒が不当に拘束されており、その加害者はイスラム教徒が多く、世界で最も迫害されている宗教はキリスト教だと窮状を訴えています。

イスラム教徒は日本でも、異教に対する敵意をあらわにする事件を起こしたことがあります。

1988年1月、鳥取大に留学していたケニア人イスラム教徒が、道祖神や水子地蔵など60体を押し倒したり地面に叩きつけたりして次々と破壊し、現行犯逮捕されました。2014年6月には慶應義塾大学大学院に留学していたサウジアラビア人イスラム教徒が、東京都の浅草寺で仏像4体を破壊し逮捕されました。

これについて中田考は、「サウジ人はこれくらいで丁度いい」「イスラームの基本とは、偶像崇拝が殺人や強盗や強姦よりも悪い決して許されない大罪であり偶像破壊が他の一切の道徳に優先するとい事（ママ）」とツイートしました。仏像破壊はイスラム的に正しいと擁護したのです。

２０１９年４月に発生したスリランカ同時テロの実行グループは、テロ実行に先がけて多数の仏像を破壊していました。仏像破壊は異教に対する敵意の表明にして明確な攻撃であり、軽視すべきものではありません。

実際に異教徒を攻撃するイスラム教徒はほとんどいない

「イスラムは異教徒に寛容な宗教」ではありません。イスラム教の教義は信者に対し、異教徒を侮蔑し、差別し、敵とみなし、異教徒も異教の象徴も攻撃するよう命じています。これは全ての人の信教の自由、平等を旨とする近代的価値とは相容れません。このイスラム教の教義を許容することは、近代的価値の放棄、自由で民主的な社会の崩壊を意味します。

カナダのトルドー首相は２０１６年にテレビ・インタビューで、「イスラム教は欧米の世俗的な民主主義と相容れないわけではない」と述べました。しかしこの発言はイスラム教の教義を全く反映していません。イスラム教やイスラム教徒を擁護することは一国の首相として価値ある大義ではありますが、価値ある大義に基づいて言ったことが必ずしも正しいとは限りません。

そしてここでも重要なのは、教義で命じられてはいても、実際に異教徒を攻撃するイスラム教徒はほとんどいない、という事実です。

私は長くイスラム圏に暮らし、多くのイスラム教徒と付き合ってきましたが、イスラム教徒がジハードを称賛したり殉教に憧れたりする言葉は、うんざりするほど聞かされましたし、個人的に「売春婦！」など侮辱的な言葉を浴びせられたり、身体を触られたり執拗に追いかけ回されたりした経験も無数にあるものの、幸いナイフや銃を向けられたり、殺されそうになったりしたことはありません。

他方、１９９７年のルクソールでのテロ事件、２０１３年のアルジェリアのガスプラントでのテロ事件、２０１５年の「イスラム国」による邦人誘拐と処刑、チュニスの博物館でのテロ事件、２０１６年のダッカでのテロ事件など、異教徒であるがゆえにイスラム過激派によって殺害された日本人が多数いるのも事実です。

イスラム諸国の多くで、異教徒がイスラム教徒から差別・迫害されているのも事実です。

どのような宗教や価値観、思想を持っていようと、他者に危害を加えない範囲であれば認められる、というのが私たちの社会の原則です。友人や仕事仲間、ご近所さんなどとして、イスラム教徒と一定の関係を構築することは可能です。しかしそのためには、イスラム教徒を特別扱いすることなく、法治を徹底する必要があります。

たとえイスラム教的に正しい行為であろうと、日本では仏像の破壊、女性や子供、ＬＧＢ

Tに対する人権侵害、暴力、殺人などは犯罪として徹底的に取り締まるべきです。それは彼らがイスラム教徒だからではありませんし、ましてや差別でもありません。イスラム教徒であろうとなかろうと、日本に住む以上は日本の法律を遵守しなければならず、違法行為を犯した者は平等に取り締まるのが法治の原則だからです。ポリコレや文化相対主義を理由に、「彼らには彼らの文化があるのだから、それを我々の価値観で判断してはならない」などと考え、彼らの違法行為を見逃したり、寛大な措置をとったりするならば、日本の法治体制は容易に崩壊し、治安は著しく悪化するでしょう。

そうした事態を自ら招かないためにも、私たちは「イスラムは異教徒に寛容な宗教」などと思い込んで気を緩めたり、特別扱いしたりしてはならないのです。

第四章 「イスラム過激派テロの原因は社会にある」か

「イスラム過激派テロの原因は社会にある」という論理

日本では、「イスラム過激派テロの原因は社会にある」という言説が広く一般に受け入れられています。

出口治明は『哲学と宗教全史』において、次のように述べています。

政情が不安定で経済が低迷している中東では、人口の多い10代から20代の元気な若者が働きたくても働く場所がありません。イラクもシリアも国が壊されているのです。若者がたくさんいる、けれども働く場所がない。一方でこれらの若者も恋をしたい、デートをして充実した青春を過ごしたいと思っている。でも働けないからお金がないし、娯楽の機会も少ない。そこでこれらの国の若者は、絶望してテロに走ってしまうのです。

日本維新の会の参議院議員である音喜多駿《おときたしゅん》は２０１５年１月、ブログに次のように記しています。

> 我が国では、イスラムに対する誤解と偏見が溢れています。（略）イスラムの根本を貫く思想は「寛容」であり、多くのムスリムたちは平和を願い、共生しているのです。裏を返せば、そのようなムスリムたちを一部とはいえ、「テロ」に走らせた社会的背景をこそ、我々は学ばねばならないのかもしれません。

映画監督の想田和弘は２０１９年10月、「イスラム国」指導者バグダーディーの死亡を受けて、次のようにツイートしました。

> テロを減らすために有効な手段は、テロを行いたい、テロに訴えるしかない、と思わせるような社会の構図や状況をなくしていくことしかないのではないか。テロリストとして生まれる人間は、この世にいない。彼らは何らかの理由でテロリストになる。その理由をどうにかしなければ、テロはなくならない。

これら三氏に共通するのは、「イスラム教もイスラム教徒も悪くない、彼らをテロに走らせる社会が悪い」と主張している点です。

日本のイスラム研究者も、異口同音に「イスラム過激派テロの原因は社会にある」と主張します。

宮田律は『現代イスラムの潮流』で、「テロは、イスラムとは関係のない政治や社会の要因から発生していることをよく知っておかなければならない」と述べ、『文藝春秋オピニオン　２０２０年の論点１００』（文藝春秋、２０１９年11月）でも、「ヨーロッパなどでムスリムの移民2世、３世がテロを起こすのは、社会的に疎外され、雇用の面などで差別を受け、貧困な状態に置かれるからだ」と述べています。

宮田は２０１５年2月公開のウエブマガジン「プロフエッショナル談」でも、フランスの風刺新聞社シャルリー・エブドを襲撃したクアシ兄弟について、「今回の兄弟たちも、貧しいがゆえに教育を受けられなくて、ドロップアウトという道に進むしかなかった。例えば、よりよい生活を求めヨーロッパに移住しても、ヨーロッパでは自分たちが期待するような生活が得られないと、また過激な行動に走ってしまう若者が増えると思います」と述べています。

内藤正典も『イスラム戦争』の中で、在欧イスラム教徒は「就職での差別、居住に関する差別」「ヘイトクライム」などにより社会から孤立し疎外されているので、「彼らのなかから『もう嫌だ。ムスリムとしての生き甲斐をくれるイスラム国に行ってジハードの戦いに参加しよう』という若者が現れたとしても何の不思議もありません」と述べています。

高橋和夫も『イスラム国の野望』の中で、ヨーロッパ出身のジハード主義者について、「その多くは、祖父や父たちがヨーロッパに移住したものの、社会に溶け込めなかった2世、3世たちです」と述べています。そしてその背景について、モスクでの説教がアラビア語やウルドゥー語だったりするので「聞いてもさっぱりわかりませんから、おもしろくありません」「学校でも成績が悪い、あるいはイスラム系ということで就職先もないなどの差別を受けます」「イスラムの国に帰っても、うまく適応できません」と説明し、「そういう八方ふさがりの人たちが（略）ジハーディストになってしまうのです」と述べています。

しかしこれらの言説には多くの問題があります。

「イスラム主義との戦い」を宣言したフランス

第一に、拙著『イスラム2・0』で明らかにしたように、イスラム過激派テロの原因は何よりもイスラム教の宗教イデオロギーに求められます。「テロとの戦い」の最前線に立つ各国の治安当局やイスラム教指導者たちにとって、それは「常識」です。

フランスのマクロン大統領は2020年10月、相次ぐイスラム過激派テロを受け「イスラム主義との戦い」を宣言、11月にオーストリアのウィーンでもテロが発生すると、同国のクルツ首相も「政治的イスラムのイデオロギーが我々の自由とヨーロッパの生き方にとってどれほど危険なものであるかを認識すべきだ」と警告、その10日後には「政治的イスラムを刑事犯罪化する」と述べ、内閣もこれに合意しました。イスラム主義や政治的イスラムとは、イスラム教による世界征服を目指すイデオロギーのことです。

「フランスが戦っている相手はイスラム教ではなく、わが国の子どもたちを脅かす憎しみと死だ。我々が反対するのは宗教ではなく、欺瞞や狂信主義、暴力的な過激主義だ」とマクロンが述べたように、イスラム主義とイスラム教は分けて考えなければなりません。

イスラム教の教義は確かに、イスラム教による世界征服を信者に義務づけています。しかしイスラム教徒の大多数はそれを信じてはいても、ジハードを実行することはありません。イスラム主義はそれを咎《とが》め、「イスラム教徒はいつどこにいようとイスラム教の全教義を実践しなければならない」と促すイデオロギーです。

イスラム教徒がイスラム教の教義を信じるのは自由です。しかしその国で違法とされる行為を行ったならば、たとえそれが教義に従ったものであろうと許されないはずです。ところがヨーロッパでは長らく、ポリコレに基づくイスラム教徒への「過度な寛容」ゆえに、それが見過ごされてきました。

フランスの政治学者ジル・ケペルは『フランスのテロ（*Terreur dans l'Hexagone*）』で、ある人をテロリストにするのは過激なイスラム主義を当為とする家族や友人、モスクなどの「環境」だと指摘しました。２０２０年終盤にフランスやオーストリア当局が、テロとイスラム教の関係をあくまでも否定する従来の方針を転換し、イスラム主義というイデオロギー的環境を一掃しない限りテロ問題の解決はないという認識を示したのは、画期的です。

一方、「イスラム国」報道官は２０２０年1月、音声メッセージで次のように述べました。

　神は『コーラン』を啓示し、我々に対して、全ての宗教が神のものとなるまで戦い続けよと命じた。ゆえに我々は神の啓示したもの以外による統治がこの地上から失われ、全てが神の法によって統治されるようになるまで戦う。

「イスラム国」やアルカイダ、タリバンといったイスラム過激派が立脚するのもイスラム主義です。世界の代表的イスラム研究・教育機関であるエジプトのアズハルが彼らを反イスラム認定しないのは、教義に忠実な彼らを反イスラム認定するのが不可能だからです。

アラブ12カ国の約2万人に対して2017〜2018年に実施された世論調査アラブ・オピニオン・インデックスによると、「イスラム国」を支持すると回答した人は5%で、その理由は多い順に、イスラム教の教義を遵守しているから（16%）、軍事的功績（13%）、西側諸国との対決に意欲的だから（11%）となっています。

「我々はイスラム教徒として神の命令を実行するジハード戦士だ」と自ら主張し、それゆえに一定の支持を得ているテロリストに対し、日本のイスラム研究者は「いや違う、イスラム教は関係ない。あなたがたは社会のせいでテロリストになってしまったのだ」と諭していることになります。これは実に奇妙にして滑稽な現実の歪曲であり、かつ「テロの原因は宗教イデオロギーにある」という客観的で世界的に支配的な解釈に矛盾しています。

イスラム過激派の実態

第二に、イスラム研究者は在欧イスラム教徒がテロに走る例ばかりを強調しますが、米シンクタンク戦略国際問題研究所（CSIS）の2018年の報告書にあるように、世界に最大23万人いるとされるイスラム過激派戦闘員のほとんどは、イスラム諸国にいます。

イスラム諸国において、イスラム教徒がイスラム教徒であるという理由で社会から疎外されたり差別されたりするということはあり得ません。要するに「イスラム過激派テロの原因は社会にある」論者にとって、イスラム諸国の事例は不都合なのです。だから彼らは、ヨーロッパの事例を恣意的に選択しているのでしょう。

第三にイスラム研究者は、イスラム過激派テロリストの多くは中流から上流階級の出身で教育レベルも高い、という事実を隠蔽しています。アルカイダを率いてイスラム過激派の「新時代」を切り拓いたビンラディンはサウジアラビアの大富豪の息子ですし、アルカイダの二代目指導者ザワーヒリーは医者です。

２０１１年に流出した英保安局（ＭＩ５）の文書は、イギリスのテロ容疑者の3分の2は中流か上流階級の出身で、90％は社交的な人物であると報告しており、彼らが過激化したのは差別や貧困が原因でもなければ、精神的に病んでいたり社会的に孤立し友人を作ることができなかったからでもないと指摘しています。

世界銀行も２０１６年、貧困や教育レベルと過激化やテロリストになることの間には相関関係がないとする報告書を公開しました。

サウジアラビアのキング・ファイサル・イスラム研究センターの２０１９年の報告書によると、「イスラム国」入りしたサウジ人７５９人のうち約３４０人が高校レベルの教育を受けており、約60人が何らかの卒業証書、約１２０人が大学の学位、５人が大学院の学位を持っていたとされます。また58％はイスラム教についての基礎知識を持っており、残りの多くは中級から上級以上の知識を持っていたとされます。

一方、日本エネルギー経済研究所の中東研究センター長である保坂修司は、2019年11月の講演でイスラム過激派について、「ほとんどの人たちが宗教的な知識について基礎的なものしかなかったということがわかっています。つまり宗教を極めた結果ISに加わる、アルカイダに加わるという人は多くありません」とイスラム教の知識と過激化の関係性を否定した上で、「それぞれの国で何らかの不満を持っている人たちに対して、その不満を解消する手段を提供できればいいのですが、残念ながら多くの国でISが、あるいはアルカイダが一番魅力的に映ってしまっている現状があります。現状に対し不満や怒りをもつ人々が夢や希望をもてるような社会なら多分こういうふうにはならなかったと思っています」と述べました。

しかし、現状に不満や怒りがある人が皆テロをするわけではありません。ジハードという教義があるからこそ、イスラム教徒の一部がテロを実行するのです。世俗的、現世的な夢や希望がもてるような社会ならテロは起こらないというのは、論点のすり替えです。

2016年にバングラデシュのダッカで発生し、日本人7人を含む20人以上が犠牲になったテロの首謀者は、バングラデシュ出身ながら日本に留学して日本国籍を獲得し立命館大学准教授にまでなったモハメド・サイフラ・オザキというグローバル・エリートですし、バングラデシュ内相によると同テロの実行者はいずれも高学歴で裕福な家庭の出身でした。

　2019年にスリランカで発生し、日本人1人を含む250人以上が犠牲となった同時テロも、9人の自爆テロ実行者のうち2人は富裕な香辛料貿易商の息子で、1人はイギリスとオーストラリアの両国に留学経験がありました。

　2018年にはオーストラリア当局が、オーストラリア人とマレーシア人のハーフであるアミールッディーン・ミルソンが「イスラム国」入りしシリアで死亡したと発表しましたが、彼は2010年に人気女性誌『クレオ』で読者投票により「マレーシアで最も結婚相手にふさわしい独身男性」に選ばれたこともあるイケメンでした。背も高く体格にも恵まれており、フレンドリーで外交的で勇敢だったとも伝えられています。

「イスラム国」入りした人の中には他にも医者や技術者、教師、軍人、警官、歌手など様々な職業の人がおり、いわゆる「勝ち組」も少なくありません。しかし現世で「勝ち組」であることは、他者から見れば羨ましいかもしれませんが、彼らにとっては何の意味もないのです。

　預言者ムハンマドは、ジハードで殉教し天国入りしたジハード戦士について、「たとえ現世ですべてのものを得ていたとしても、天国に入った者は誰一人として現世に戻りたいなどとは望まない」と言ったとハディースに伝えられています。

イスラム教徒はテロリスト予備軍なのか

第四に、イスラム研究者は口を揃えて、イスラム教徒は平和的であり彼らをテロに走らせる社会が悪いのだと主張しますが、これは一見するとイスラム教徒を擁護しているようで、実は、極端に偏見に満ちた差別的言説です。

内藤正典は『となりのイスラム』で、「寛容で優しい心をもつイスラム教徒」「人に対して優しくあることはイスラムの根本的な価値」とイスラム教徒を賛美する一方で、2015年のシャルリー・エブド襲撃事件について、「相手が命にかえても守りたいと大切にしている人――それがたとえ私たちにとっては歴史上の人物であってもです――、その人を罵りつづけても黙っておとなしくしていろ、というのは、いくらなんでも無理ではないでしょうか」と述べています。

法治国家においては、テロを正当化するいかなる大義名分も存在しないはずです。ところが内藤は、疎外されたのだからジハードするのも仕方ない、預言者が罵られたのだからおとなしくしていろというのは無理だ、と主張します。これは宗教を理由にしたテロの正当化であると同時に、個々のイスラム教徒を「預言者が冒瀆されるとテロをしかねない集団の一員」と規定していることになります。

「イスラム過激派テロの原因は社会にある」説がいかに現実と乖離しているかは、イスラム諸国について考えるといっそう明白になります。

エジプト当局は2019年7月、エジプト国民の33％は一日1・3ドルという貧困線を下回る生活をしていると発表しました。つまりエジプト人の3人に1人が、極度の貧困状態におかれているのです。しかし彼らのほとんどは、「イスラム国」入りしたりテロを起こしたりしません。

2020年2月に国際労働機関が発表した年次報告書「世界の雇用および社会の見通し」によると、若者のニート率はアラブ諸国では34％、北アフリカ諸国では27％にのぼります。ニートは社会から疎外されていると感じている可能性が高いと言えますが、当然のことながら彼らのほとんどは「イスラム国」にも行きませんしテロもしません。なおアラブ諸国の女性のニート率は52％で、男性の18％よりもはるかに高いですが、だからといって女性の方が男性より多くテロをするわけでもありません。

出口治明は、「テロとイスラーム教の問題を表裏一体の問題として考えるのは極端すぎると思います。むしろ、ユースバルジ（引用元注・若年層の膨らみ）のほうがはるかにテロとの親和性は高いと思います」とも述べています。

しかし疎外や差別、失業、貧困あるいはユースバルジといった社会的要因をテロの原因だと説明することは、換言すれば現在そういった状況におかれている数億人のイスラム教徒全員に対しテロリスト予備軍のレッテルを貼るに等しい、恐るべきヘイト・スピーチです。

出口は、イラクやシリアの若者も恋やデートをして充実した生活を過ごしたいと思っているが、お金がないので絶望してテロに走るとも述べていますが、イラクやシリアにはもともと若者が恋やデートをする文化・習慣はありません。イスラム教は、自由恋愛を認めないからです。出口の「解説」が正しいならば、自由に恋やデートをすることのできないイスラム教徒の若者は、全員が絶望してテロに走らなければならないことになります。こんな馬鹿げた話はありません。

世界には仕事やお金を第一とは考えない人も、恋やデートより熱中するものがあるという人もいくらでもいます。特にイスラム教徒は、現世ではなく来世を志向します。『コーラン』第29章64節に「現世はただの遊び、戯れであり、来世こそが本当の生」とあるからです。

啓示の一言一句全てが真理だと信じるイスラム教徒

第五に、イスラム研究者はジハードや殉教、天国についてのイスラム教の教義を揶揄することにより、イスラム教を見下し侮辱しています。

２０２０年2月にイギリスのロンドンでテロを計画したとして起訴されたムーサー・

チョードリーは、「天国での計画」と書かれた次のようなリストを持っていたことが裁判で判明しました。

1　天国の施設を見て回り自分の宮殿を選ぶ
2　72人の妻全員と会いメインの二名を選ぶ
3　宮殿を飾る
4　家族全員と会う
5　友達全員と会う
6　預言者全員と会う
7　神と会う
8　天国の市場に行く
9　妻たちと時間を過ごす
10　これから乗り出す冒険を選ぶ

イスラム教の啓示は、ジハードで殉教し天国に入った人間にこれらの報奨が約束されていると明記しています。この人物は、それを本気で信じていたのです。

2020年11月にシンガポールでテロ容疑により逮捕されたバングラデシュ人の男についても、シンガポール内務省は、男はジハードで死ねば殉教者になると信じていたと声明で述べました。

イスラム教徒というのは、啓示の一言一句全てが真理だと信じる人々です。非イスラム教徒は、来世や天国、72人の乙女を求めるなど愚かだ、現世で快楽を求めた方がよほど現実的だと思うかもしれませんが、その認識に普遍性はありません。人間は必ず死にます。そしてイスラム教徒は、現世は必ず終末を迎えるが、その後やってくる来世は永遠であり、そこでは現世には存在しない快楽が約束されていると信じています。

内藤正典は『となりのイスラム』で、「どうしようもないくらいにつらい生活を強いられてきて、最後の最後に、過激な思想に洗脳されることはあるでしょう」と述べつつ、「テロで敵を倒せば殉教者となり、死後の楽園が保証されるなどというばかげた話に吸い寄せられるとしたら、その前に、現世での生活があまりに平安から程遠いことに原因があるのです」と、イスラム教の教義を「ばかげた話」と一蹴しています。これは来世を信じる全イスラム教徒を侮辱する、極めて差別的な言説です。

イスラム研究者はイスラム教の中から、自らのイデオロギーを投影するにふさわしい好都合な要素だけを取り上げ、不都合な要素は切り捨てます。彼らは一見イスラム教を称賛しているようで実は見下し、都合よく利用していることが、こうした言葉の端々から露呈しています。

イスラム過激派テロをアメリカのせいにする陰謀論者

リベラル知識人の中には、イスラム過激派テロをアメリカのせいにする陰謀論者も少なくありません。

池上彰は『知らないと恥をかく世界の大問題7』（角川新書、2016年）で、次のように述べています。

> 自称「イスラム国」はどうして生まれたのか。世界情勢を大きく揺るがしている組織ですから、詳しく解説します。きっかけをたどると、2003年、アメリカのイラク攻撃にまでさかのぼります。つまり自称「イスラム国」をつくったのは、アメリカなのです。

池上は『知らないと恥をかく世界の大問題8』（角川新書、2017年）でも、「アメリカは自ら、ビンラディンという怪物をつくり出してしまいました」「ソ連とアメリカが自称『イスラム国』をつくり出したということがわかります。とりわけ、アメリカの責任がいかに大きいか」、『池上彰の世界の見方　中東』でも「要するにソ連とアメリカの身勝手な思惑によって、中東の大混乱が引き起こされたということです。とりわけアメリカの責任がいかに大きいかということがこれでわかるはずです」と述べています。

アルカイダや「イスラム国」の成立過程で、アメリカが大きな影響を与えたのは間違いありませんが、そこから「イスラム国」をつくったのはアメリカだ、という結論を導くのは詭弁です。

また池上はあらゆる著作において「アルカイダは反米ネットワークです」と書いていますが、これもウソです。アルカイダの目的はイスラム教による世界征服であり、アメリカ打倒は通過点の一つにすぎません。

池上のような陰謀論者は、実はイスラム研究者の中にもいます。

文化功労者の板垣雄三は『イスラーム誤認』で、米同時多発テロについて「事件は、おそらく大陰謀の複合というべき闇の力がはたらいた結果ではないかと思われます」と述べ、それはアメリカが「まったく新しい世界秩序管理システムの構築に向かって、その先頭に立つことができる」ための陰謀なのだと論じています。そしてアメリカによるテロとの戦いの宣言は、「すでに練られた計画にゴーサインを出すものだったのだ」としています。

イスラム過激派の引き起こした前代未聞の大惨事を前に、イスラム研究業界最大の重鎮が現実から目を背けて陰謀論を唱え、その全てを「闇の力」のせいにしているという事実が、業界の実態を象徴しています。板垣は２０１５年1月のシャルリー・エブド襲撃テロについても、市民ジャーナリズムウェブサイト「ＩＷＪ」のインタビューで「イスラエルの陰謀」だと主張しました。

日本や欧米は常に加害者であり被害者になることはあり得ないという立場をとる板垣にとって、イスラム過激派テロは極めて不都合な事実です。陰謀論を持ち出すのはその事実を誤魔化し、人々の目をそこから逸らせるためでしょう。彼らイスラム研究者にとって重要なのは、事実を直視しそれを分析することではなく、事実を歪めてでも日本や欧米は悪で「イスラームこそ解決」と主張し続けることなのです。

イスラーム復興論

米同時多発テロ発生当時、イスラム研究業界を牽引していたのは「イスラーム復興論」を持論とする京都大学大学院教授（当時）の小杉泰でした。

「イスラーム復興」とは、信者がイスラームに回帰し、日常生活の中でイスラーム的象徴や行為が以前より顕在化し、信者の生き方の様々な側面により大きな影響を及ぼすようになる現象のことだとされます。

そして、「イスラーム復興論」とは、「イスラーム復興はイスラーム民主主義やイスラーム銀行といった近代に適合するイスラーム的制度を創出している」と主張し、将来的にはイスラームが近代を超克することを展望する論です。イスラームは近代と矛盾しない、むしろ近代が生み出したあらゆる問題を解決し、世界を理想状態へと導く唯一のイデオロギーだというのが小杉の持論です。

ところが現実にイスラーム復興がもたらしたのは、テロ組織の勃興と暴力の連鎖でした。小杉の思惑とは裏腹に、現実世界におけるイスラーム復興は明らかに近代の否定、破壊へと向かっています。

小杉は『イスラームとは何か』において、テロを「危機の時代における過剰反応」であると例外扱いした上で、「イスラーム復興現象の大半は、政治的でもなく、劇的でもない」と断定しています。しかしこれが的外れであることは、歴史がすでに証明しています。

小杉については、小杉と同様にイスラム教徒であり業界に長く携わった中田考が2019年2月、次のようにツイートしました。

小杉先生はアズハル大学卒業の履歴から明らかなようにムスリムで、ウラマー（引用者注・イスラム法学者）の伝統教育を受けたイスラーム内部の人間です。彼の学問は外部者の客観性を装いイスラームを正しく伝えることよりもムスリム（自分たち）のイメージを良くすることを極めて作為的に行う、ある意味最も洗練された護教論でした。

個人的にも多くを学ばせてもらいましたが、根本的に意図的な歪曲に基づいているため、真実を糊塗する「中道イスラーム」の概念が破綻し、結果的に池内さん（引用者注・池内恵《さとし》東京大学教授）や飯山さんのような反動を生むことになった、と極めて残念に思っています。

しかしすでに随所で指摘してきたように、中田自身も小杉同様、「根本的に意図的な歪曲」に基づく護教論を展開しています。

小杉をトップに据える「イスラーム復興」プロジェクトで多額の科研費の獲得に成功したイスラム研究者たちは、イスラーム復興論に不都合な事実を次々と否定し、歪曲し始めました。彼らは、イスラム教には暴力的な要素は一切ないと主張したのです。

飯塚正人は「東進ＳＥＫＡＩ」のインタビューで「イスラームがわかりにくい理由」の一つとして、イスラム教徒以外の人たちが「イスラーム教徒の行動のすべてを、イスラームの教えの反映だと思い込んでしまうこと」を挙げ、キリスト教の国で事件が起こっても「キリスト教が悪い」とならないのに、イスラム教徒が事件を起こした時だけ「イスラームが悪い」となるのはおかしいと指摘、「アルカイダがイスラームの教えに基づいてテロを実行したという確証はどこにもない」と述べました。

しかしこれは詭弁です。

イスラームは小杉の主張するように、「いわゆる宗教の範疇を超えて、社会のあらゆる面について守るべき規定を定めている」からこそイスラム教ではなくイスラームと呼ばなければならない、というのが日本のイスラム研究業界の「公式見解」だったはずです。ならば一般の日本人が「イスラーム教徒の行動のすべてを、イスラームの教えの反映だと思い込んでしまうこと」は、それが人口に膾炙した結果だと解釈されるべきです。「イスラームはすべてを包括する」のに「テロだけは違う」というのは筋が通りません。彼らは明らかに、自己矛盾しているのです。

内藤正典も『となりのイスラム』で、第一次世界大戦、第二次世界大戦ともに戦っていたのはキリスト教徒なのに、誰も「キリスト教徒の戦争」と言わない、それなのにイスラム教徒が戦ったりテロを起こしたりすると「イスラムの暴力」とまとめるのはおかしいと憤慨します。

「世界で最も注目される気鋭の哲学者」と評されるマルクス・ガブリエルも『世界史の針が

巻き戻るとき』で、「イスラムの表象をテロリズムと関係づける一方で、たとえばキリスト教はテロリズムとみなしません。キリスト教も実際はテロリズムだというのに」と批判します。このように世界のイスラム擁護論には、定型の詭弁が存在するのです。

しかしそもそも、イスラム教徒の起こす事件の全てがイスラム教に起因するとみなされているという事実はありません。イスラム世界でも日々、窃盗や誘拐、殺人など様々な犯罪が発生していますが、それらがいちいちイスラム教と関係づけられて報じられることはありません。なぜならそれらは実際にイスラム教とは無関係だからです。

ある事件がイスラム教と関係づけられたりイスラム過激派によるテロだと報じられたりするのは、実行者が「アッラーフ・アクバル（神は偉大なり）！」と叫んでいたり、「神のためのジハードだ」と言い残しているなど、それがイスラム教に起因することが明らかな場合だけです。飯塚や内藤、ガブリエルはキリスト教を引き合いに出して論点をすり替え、イスラム教があたかも不当に扱われているような印象操作をしていますが、これは事実に反する虚偽です。

中田も『イスラームの論理と倫理』で、「ムスリムの行動をすべてイスラームに還元するような説明」を「反動」だと批判し、「まずそもそもその人間がムスリムであるかどうか（略）を総合的に判断する必要がある」と論点をすり替えます。中田が同書でしきりに反動という言葉を用いて批判しているのは、同書の共著者である私のことです。

しかし中田は『イスラーム世界がよくわかるQ&A100』では、「イスラーム教徒にとっては、イスラームから離れてアッラーとは関係ない領域など原則的に存在しない」と述べています。また「誰がイスラーム教徒であるかは、究極的にはアッラーが決める」とも述べています。

かつて「イスラームはすべてを包括する」論を主張していた中田は、テロなど不都合な事象が多発するようになると、テロやその他不都合な事象だけはイスラム教とは無関係だと装おうとしているのです。明らかに自己矛盾しています。

私がまだ学生だった2000年代初頭、小杉が提唱しイスラム研究者たちが信奉するイスラーム復興論の矛盾を指摘した研究者は、池内恵しかいませんでした。

この池内の著書『現代アラブの社会思想』（講談社現代新書、2002年）が2002年に大佛次郎論壇賞を受賞すると、日本女子大学教授の臼杵陽は「イスラーム世界全体が『陰謀史観とオカルト思想』で覆われているかのごとく描くことで、結果的には『客観性』を装いながら『親イスラーム的な』中東地域研究者を批判し、アメリカ政府の『対テロ戦争』遂行とそれを支持する日本政府に益する政策志向的な議論を展開するという（略）、ある意味で極めて偏向した政治的立場」と批判、筑波大学名誉教授の塩尻和子は「池内氏が主張する『イスラームの教義には本来的に暴力を容認するものがある』という言説は、イスラームの原点である聖典クルアーンの思想に照らしてみれば正しいとは言えない」と批判しました。

池内は中田の『イスラーム　生と死と聖戦』（集英社新書、２０１５年）によせた解説で、イスラム研究者たちからは言論上の圧力を受けただけでなく、公衆の面前で暴力をふるわれた体験も複数回あり、しかも「高い地位にある教授のほぼすべてが一堂に会しておりながら」その事実を黙認したと述べています。イスラム研究者が「気に入らない相手」に対して集団で暴力をふるい、それを業界全体が組織的に隠蔽するというのは、救い難い欺瞞にして卑劣な不正です。

テロの原因はイデオロギー自体にある

イスラム研究者と歩調を合わせ、「イスラムは平和の宗教」でありテロとは無関係であって、「イスラム過激派テロの原因は社会にある」と喧伝し続けているのがメディアです。

メディアにおいて「イスラム国」という名称が「ＩＳ」と変更されたのは、事実の歪曲の好例です。ＮＨＫはこれについて、「この組織が国家であると受け止められないようにするとともに、イスラム教についての誤解が生まれないように（２０１５年２月）13日夜から原則として『過激派組織ＩＳ＝イスラミックステート』とお伝えすることにしました」と理由を説明しています。

しかしいくらメディアがISと呼ぼうと、今も「イスラム国」がイスラム教の教義に忠実に従い残虐行為を続け、勢力を拡大させている事実が変わることはありません。

メディアとイスラム研究者は、ウソによって事実を歪曲したり隠蔽したりすることにより、私たちの目を事実から逸らせているだけではありません。私たちがイスラム教とテロは無関係でテロの原因は社会にあると思い込み、私たちさえイスラム教徒を寛容に扱えば彼らがテロを起こすことはないと勘違いすれば、それを利用してイスラム過激派は易々と勢力を拡大させることができます。メディアやリベラル知識人にコロッと騙されひたすら自省する私たちを見て、彼らはほくそ笑んでいるのです。

お笑いコンビ「爆笑問題」の太田光と多摩美術大学教授の中沢新一は、『憲法九条を世界遺産に』（集英社新書、2006年）で次のような対話をしています。

太田　「ブッシュや小泉さんの『テロに屈しない』というセリフは、すごく勇ましいわけです。でも僕としては、そこでちょっとテロに屈してみてもいいんじゃないかと思ったりする。」

中沢　「テロに屈する必要はたしかにある。」

両氏はテロに屈する勇気を持とうと言い出せる「空気」が重要なのだとし、それこそが憲法九条の精神だと主張します。

しかしイスラム過激派テロに屈すれば、日本という国家の権力が彼らよりも弱く、人質さえ取れれば日本を平伏させることができると立証することになります。またそれは彼らによる支配を受け入れ、彼らのイデオロギーに服従することの証であり、自由や平等、民主主義といった私たちにとって重要な価値の完全なる喪失をも意味します。

憲法九条を守る目的、あるいは奇を衒《てら》う目的で安易にイスラム過激派テロに言及し、憲法九条さえあればテロを恐れる心配などないかのように吹聴したり、テロの脅威を軽視したりすることも、多くの人々を誤解させて油断させ、結局はイスラム過激派を利することにつながります。

メディアとそこに露出するリベラル知識人やイスラム研究者は、ウソによって人々や社会のイスラム過激派に対する警戒心や問題意識を失わせ、それによってイスラム過激派の勢力拡大に間接的に寄与しているのです。彼らには退行的リベラル、イスラム左翼主義の特徴がよく当てはまります。

反ユダヤ主義の研究者A・H・ローゼンフェルドは、左翼がイスラム主義を応援するのは、イスラム教が反乱の急先鋒としてグローバル資本主義とのジハードに従事するのを見たいという革命的な目論見があるからだと述べています。イスラム研究者やメディアがイスラム過激派を擁護するのは、彼らを憎き資本主義、悪の化身アメリカに立ち向かうヒーローだとみなしているからでしょう。

高橋和夫は『イスラム国の野望』で「イスラム国」について、「彼らの敵意は基本的に欧米に向けられている」「むしろ日本人に対しては、友好的な雰囲気すら感じられます」とまで述べ、だから「イスラム国に接近するジャーナリストや研究者の活動をあまりに縛ることは、情報面での優位を潰す結果になります」と結論づけました。しかし、この本が出版された2015年1月30日の直後に、イスラム国に拘束されていた日本人ジャーナリストが殺害されました。私たちはこうした事実無根も甚だしい噴飯ものの明白なウソをつく研究者に、疑惑の目を向けるべきです。

UAEのアブドラ外相(当時)は2015年11月、「テロリズムを正当化することはテロリズムだ」と述べました。ムスリム世界連盟事務局長にしてサウジのムハンマド皇太子の宗教顧問でもあるムハンマド・イーサーは2020年10月、「イスラム過激派やテロリストをいかなる形であれ擁護する者は、彼らと同じである」と非難しました。彼らの言葉を借りるなら、日本のイスラム研究者やメディアは「イスラム過激派と同じ」であり、彼らの言動もまたテロ同然だということになります。

シンガポールの建国の父リー・クアンユーは2012年、イスラム過激派テロについて、「戦う相手は飢餓や貧困ではない。もっと根源的なアラブやイスラムの誇りを復活させる運動であり、イスラムの時代が来たという信仰なのだ」と述べました。

ブルッキングス研究所の研究員シャディ・ハミドは2015年11月、米ワシントン・ポスト紙への寄稿で「差別と偏見は世界中にあるが、それに対して自発的に武力行使で応じる個人を動員することのできる宗教やイデオロギーは少ない。もし差別と偏見がテロを生んでいるのであれば、なぜジハード主義だけがこれほど効果的に信者をテロに動員することができ、他の宗教はできないのであろうか」と述べ、「イスラム教徒自身がこのイデオロギーの問題に取り組む以外に、根本的な解決はないだろう」と結論づけました。

「イスラム過激派テロの原因は社会にある」のではありません。イスラム教のイデオロギー自体にあるのです。私たちが見据えるべきは、この事実です。

第五章「ヒジャーブはイスラム教徒女性の自由と解放の象徴」か

ヒジャーブは「サラリーマンのネクタイのようなもの」？

イスラム教徒女性というと、ヒジャーブと呼ばれるスカーフで髪と首元を覆い隠した姿や、ニカーブと呼ばれるベールで顔を覆い全身を黒い布で覆った姿を思い浮かべる人は少なくないでしょう。

日本ではこうした「覆い」について、「ヒジャーブはイスラム教徒女性の自由と解放の象徴」だと賛美する趣旨の言説が一般に流布しています。

イスラム・エスノグラファー（民族誌家）の常見藤代《つねみふじよ》は『イスラム流 幸せな生き方』（光文社、2018年）で、ヒジャーブの根底にあるのは、「女性は宝石」という考えであり、だから美しい部分は隠さなければならないのだと述べます。またヒジャーブはサラリーマンのネクタイのようなものであり、それをすることで女性はモラルのある正しい人、敬虔な人だと見られ、結婚しやすくなり、セクハラも受けなくなり、社会進出しやすくなり、外見で差別されない自由を得ると述べます。

「このマンガがすごい！ 2018」オンナ編第3位となったユペチカ『サトコとナダ』（星海社COMICS、2017年）というマンガは、アメリカの大学に留学した日本人のサトコがナダというイスラム教徒女性とルームメイトになり、サトコがナダからイスラム教について学び感化されるというストーリーです。サトコはパッとしない見た目で主体性に欠ける子、一方ナダは美人でクール、しっかりしていて活発で魅力的な女性として描かれ、サトコはナダから教わるイスラム教の教義にいちいち感心し、大いに影響されていきます。設定の段階で、サトコと日本が「下」でナダとイスラム教が「上」と位置づけられているのは明白です。

サトコが「綺麗な髪なのに布で隠すのはもったいないなあ」と言うと、ナダは「でもねサトコ、綺麗だから隠すのよ」と答え、それを聞いたサトコは「2ランク上のシャンプー」を使うようになります。サトコが「ニカブを着るってどんな感じ?-」と聞くと、ナダは「ニカブを着ていると無敵の気分よ」「いわば盾のようなものね」と答え、サトコは「知らなかった…悪いものとばかり思ってた」と改心します。

アマゾンのカスタマーレビューはほとんどが星五つで、「素敵」「憧れる」「異文化を楽しく知ることができる」と極めて高評価です。マンガというフィクションによっても、ヒジャーブやニカーブの肯定的イメージは広められているのです。

イスラム研究者も、「ヒジャーブはイスラム教徒女性の自由と解放の象徴」と主張します。

山岸智子は『イスラーム世界がよくわかるQ＆A』で、ヒジャーブとは「ちゃんとした女の人」であるという外見をつくり、男性を安心させる道具であって、それは日本のサラリーマン社会におけるネクタイのようなものと説明します。ヒジャーブ着用強制については「男女平等や表現の自由に不当な制限を加えている、と言えるでしょうが、彼女らが、これは自分たちの固有の文化である、と主張する余地も認めるべきでしょう」と述べています。

さらに「ヒジャーブが、女性の社会参加を助成する面があることにも目を向けてほしいと思います。ヒジャーブを身につけることによって、公的な場、親族以外の男性の前でも女性である自分の尊厳を示し、男性との『適正距離』を保って活動できることを可能にしているのです」とヒジャーブ着用の効果を強調します。

しかしこの解説には多くの問題があります。

ヒジャーブ着用は宗教的義務

第一に、ヒジャーブ着用は宗教的義務です。

イスラム法学者は、イスラム教徒女性のヒジャーブ着用が義務である旨で合意しています。

イスラム法学においては、ある問題について法学者たちの見解が一致している場合、その合意には啓示に次ぐ権威が認められると決まっています。たとえ国の法律でヒジャーブ着用が義務づけられていなくとも、それはイスラム社会においては非常に強い拘束力を持ちます。

ミシガン大学社会研究所の２０１４年の調査によると、エジプト人の85％が女性はヒジャーブで髪を隠すべき、10％は顔も隠すべきだと回答しています。世俗的だとされるチュニジア人も83％が髪を、３％が顔も隠すべきであり、トルコ人も65％が髪を、２％が顔も隠すべきだと回答しています。サウジでは髪を隠すべきだと回答した人は23％のみで、74％の人が顔も隠すべきだとしています。

ＵＮウィメン（国連女性機関）の２０１７年の調査によると、エジプト人男性の95％、モロッコ人男性の83％が「女性親族の行動や服装は家族の名誉に関わる」と回答しています。女性親族がヒジャーブを着用しないなど「ふしだら」な行動をすることによりその家族の名誉が汚されるというこの考えは、家族の名誉を回復するため男性親族がその女性親族を殺害するという「名誉殺人」に直結します（詳細は第六章）。

２０１３年のピュー調査によると、「妻は常に夫に従わなければならない」という項目について、マレーシア人の96％、アフガニスタン人の94％、インドネシア人の93％、チュニジア人の93％、モロッコ人の92％など、圧倒的大多数のイスラム教徒が賛同しています。

『コーラン』第4章34節には、「神は男ともう一方（女）の間には優劣をつけたのだし、男が自分の財産から（生活に必要な）金を出すのだから、男の方が女の上に立つ。だから貞節な女は（男に対して）ひたすら従順に、また神の守護の下に（夫の）不在中を守る。不服従の心配のある女たちには諭し、それでもだめなら彼女を寝床に置き去りにし、それでも効きめがなければこれを打て」とあります。妻は夫に絶対服従しなければならず、服従しない妻は叩いていいのだというイスラム教徒の信念は、啓示に立脚しているのです。

これらが示唆するのは、イスラム社会においては女性にヒジャーブを着用しない自由はほとんどないという現実です。

ヒジャーブ選択の自由を主張するイラン人女性ジャーナリストのマシーフ・アリネジャドは自伝『私の髪の中の風（*The Wind in My Hair*）』で、幼い頃から頭を低くし、できるだけ目立たずおとなしくするように育てられたと述べ、エジプト出身の女性人権活動家ヤスミン・ムハンマドも自伝『ベールをとって（*Unveiled*）』で、家族の名誉は一家の女の子の「陰部」にかかっており、男性親族が女の子を厳しく支配するほど家族の名誉は大きくなるので、女の子は毎日「恥を知れ！」と言われ続け、慎ましい服装をし、ヒジャーブをし、小さな声で話し、目線を下げるよう命じられ、決して「処女性」を失わないように自転車や馬に乗ってはならず、スポーツもしてはならなかったと自身の経験を語っています。

マレーシアでヒジャーブ着用をやめ2019年に『ベールをとるという選択（*Unveiling Choice*）』を出版したマルヤム・リーは、イスラム教を冒瀆した容疑で宗教当局に取り調べを受けました。彼女は「私はずっとヒジャーブ着用は義務であり着用しないのは罪深いことだと言われてきたが、そんなことはないとわかりだまされたと感じた」「マレーシアではヒジャーブを外すことは法的には犯罪ではないが社会的には犯罪とみなされ、いじめられたり嫌がらせを受けたりする」と述べています。

山岸智子は「固有の文化」という言葉を用いてこうした現実を糊塗していますが、たとえヒジャーブ着用が固有の文化であろうと、それが宗教的義務であるがゆえに社会的強制力を有し、女性の人権が侵害され差別や暴力が正当化されている事実が相殺されることはありません。

第二に、ヒジャーブとネクタイは全く違います。ヒジャーブ着用は宗教的義務であり、ネクタイ着用は社会的慣例です。日本人男性にはネクタイ不要の職業を選択する自由も、ネクタイを外す自由もありますし、休日にはネクタイなどしませんが、イスラム教徒女性には基本的にこうした選択の自由は一切ありません。

中田考も内田樹との共著『一神教と国家』で、「多くのサラリーマンは夏でもスーツ着てネクタイしてますすね。（略）女性のヒジャーブとかもそれと同じです」と述べています。

出口治明も『哲学と宗教全史』で、「女性がスカーフをかぶらなきゃいけないのは差別だ、という意見もあります。けれど、あれは単なる習慣が発展したものでいわばネクタイと同じです」と述べています。

しかしヒジャーブを外した女性は逮捕されたり、家族の名誉を汚したとして父親や兄弟に殺されたりもしますが、ネクタイを外した男性が逮捕されたり、家族に殺されたという事例は聞いたことがありません。ヒジャーブとネクタイは意味も機能も役割も、何から何まで全く異なります。ヒジャーブはネクタイと同じだと主張するのは、ヒジャーブの現実から人々の目を逸らせるための詐術です。

ヒジャーブ着用を法制化しているイラン

第三に、ヒジャーブを「ちゃんとした女の人」の証だと認めることは、逆説的に言えばヒジャーブをしていない女性を差別し、蔑むことを意味します。

これを法制化しているのがイランです。イランでは外国人や異教徒を含む全女性に対しヒジャーブ着用を法で義務づけ、違反者は拘束され実刑判決を受けることも稀ではありません。

イラン人女性でヒジャーブ選択の自由を主張し、2013年には「思想の自由のためのサハロフ賞」を受賞した人権派弁護士ナスリーン・ストゥーデは、2010年に国家安全保障に反した罪と最高指導者ハメネイを侮辱した罪で禁錮5年の有罪判決を受け、2019年には反国家的プロパガンダの流布、偽情報の拡散、売春、ヒジャーブの未着用などの罪で合計禁錮38年とむち打ち148回の判決を受けました。

イラン人女性初のオリンピックメダリストであるテコンドーのキミア・アリザデ選手は2020年1月、自身のInstagramでイラン政府を偽善、ウソ、不正と非難し、「私はイランで抑圧されている数百万の女性の一人」「私はこれまで政府に命じられた通りの格好をしてきた」とヒジャーブ着用強制を批判し、ドイツに亡命しました。ドイツで「東京五輪を目指す」と会見したアリザデ選手は、ヒジャーブをしてはいませんでした。

こうした女性たちを、「ちゃんとした女の人」ではないとみなすのが山岸智子の解釈です。これは、自由で民主的な社会においては許されない差別的言説です。こうした解釈をする人はイスラム教徒女性の味方を装いつつ、彼女たちはイスラム教徒女性という集団に属する一員にすぎない、彼女たち個人の意志など考慮する必要はないと軽視しているのです。

フランスの哲学者ブリュクネールは、イスラム左翼主義者は資本主義破壊という目的のためにイスラム主義者と手を組み、そのために女性の権利を犠牲にすることを「許容可能なトレードオフ」とみなしていると指摘しています。山岸の主張にはそれが顕著に表れています。

ヒジャーブ着用により女性は守られるか

第四に、「ヒジャーブ着用によって女性は守られる」という山岸の主張は、ヒジャーブは実際には女性を守る役割など果たしていないという現実と矛盾しています。

エジプトではイスラム教徒女性の大多数がヒジャーブを着用していますが、2013年に公開されたUNウィメンの調査では、エジプト人女性の99・3%が性的ハラスメントの被害にあったことがあると回答しています。2017年にトムソン・ロイター財団が発表した「女性にとって最も危険な大都市」ランキングの1位は、エジプトのカイロでした。

2018年には、イスラム教徒女性たちがメッカ大巡礼中にセクハラ被害にあったと訴える「#MosqueMeToo」運動が起こり、多くの女性たちが不適切に触られたり、「何か」をなすりつけられたりした経験を告白しました。巡礼中の女性が全員ヒジャーブをしていることは、言うまでもありません。

しかしイスラム研究者は、こうした現実と完全に矛盾する言説を繰り返します。

片倉もとこは『イスラームの日常生活』で、「男たちは、ベールをかぶっている女性に対しては、相応の敬意をもって接するのである。反対に、あらわな格好をしている女性に対しては、たいへん無遠慮な態度をとることもある」と述べています。

宮田律も『現代イスラムの潮流』で、「女性のベールの着用、社会からの隔離は、女性の保護やその名誉を表すものだ」と述べています。

「ヒジャーブ着用によって女性は守られる」という主張はウソであるだけでなく、ヒジャーブ強制を正当化するための詭弁でもあります。

イランでは街のあちこちに「ヒジャーブは規制ではなく、あなたを保護するもの」というスローガンが掲げられ、ヒジャーブをしていない女性を包み紙の剝がされた棒付きキャンディーと対比させるポスターが貼られています。ヒジャーブは女性を男という鬱陶《うっとう》しい「害虫」から守るというわけです。最高指導者ハメネイも、ヒジャーブは女性に自由と尊厳を与える、西洋社会は男性の欲望を満たすために女性に化粧をさせ裸同然の格好をさせている、ヒジャーブをしない自由などというものは有害な自由にすぎないと述べています。

トルコ宗務局のイブラヒム・カルスルも2013年8月、「女性の体は装飾品」であり、そのためには女性は体を覆わなければならないと述べました。

ヒジャーブ強制に反対する女性たちは、こうした詭弁を鋭く批判します。

既出のヤスミン・ムハンマドは、「布切れ（ヒジャーブ）なんかで女性は守れない。イスラム世界では恐るべき数のレイプが発生している。巡礼中でさえもだ。レイプを止めることができるのは布切れではない。男だ」と反論しています。トルコのNGO女性の連帯財団（KADAV）のセラブ・ギュレも、「女性が自らを覆い隠すのではなく、男性が痴漢をやめるべきだ」と主張しています。

男性は理性で欲望をコントロールできない存在

第五に、山岸は男性を理性によって欲望をコントロールできない存在と規定しています。これは男性を蔑み差別する言説であると同時に、ヒジャーブをしていない女性がレイプなどの被害にあった場合に男性を擁護する伏線となる、極めて男性中心主義的な言説でもあります。

既出の2017年のUNウィメンの調査によると、エジプト人男性の74%、モロッコ人男性の72%が「挑発的な服装をしている女性がハラスメントにあうのは自業自得だ」と回答、エジプト人男性の64%、モロッコ人男性の60%が、「レイプされた女性はレイプ犯と結婚すべきだ」と回答しています。山岸が寄り添っているのは、このイスラム教徒男性の立場です。

片倉もとこも『イスラームの日常生活』で「(イスラームは)人間が弱い存在であることをいさぎよく認める。(略)したがって誘惑にまけやすくなるような状況をつくらないことにする。(略)性的誘惑に対しては、男は、特に弱いから、女は、髪の毛もおおうベールをつけて、弱き男性をまどわさないように協力する」と、イスラム教徒男性の立場に寄り添います。

しかし私たちの社会においては、男性は欲望を抑えられないと決めつけるのも、男性が犯罪行為に走らないためのコストや犯罪の責任を女性に負わせるのも、れっきとした性差別とみなされます。

イスラム研究者の中には、イスラム教徒女性にとってヒジャーブをするのは当たり前だと主張する人もいます。

中田考は『一神教と国家』でヒジャーブについて、「別に窮屈だとは当人たちは感じていません。イスラームの世界の中にいれば当たり前のことなので」と決めつけています。さらに中田は「そんなことより、決まりを守るという点では日本の方がずっと厳しいです。服装はみんなキチンとしているし」「日本社会の儀礼の方がはるかに煩瑣《はんさ》」と論点をすり替え、突如日本を批判します。

内藤正典も『となりのイスラム』で、「スカーフやヴェールをかぶっているイスラム教徒の女性に聞けばすぐわかることですけど、これはイスラム教徒の女性たちにとって性的な羞恥心の対象になります。感覚としては、日本でいえば、女性が足をどこまで出すのか、ということに近い」と述べています。

イスラム研究者は一見ヒジャーブをするイスラム教徒女性を擁護しているようですが、彼女らをイスラム教徒女性という集団の一員としてのみとらえ、一人ひとりの意志などまるで存在しないかのように扱っています。加えてヒジャーブをしない女性のことも侮蔑し、差別しています。

内藤は『イスラム戦争』で、フランスが法により公共の場でのヒジャーブ着用を禁じていることを、イスラム教徒に対する「集団的差別」と非難してもいます。個人の自由を信奉するフランスが「ムスリムの服装の自由を厳しく制約するのは、自分たちのライシテ（政教分離）の原則に従わない人間はフランスに居場所を認めないという排斥の論理を正当化しているからに他なりません」と厳しく批判します。

『となりのイスラム』でも、イスラム教徒女性は恥ずかしいからヒジャーブをかぶっているのに、フランスがライシテゆえに「それを脱げと命じる。これってセクハラじゃありませんか。これでは、何の悪意も暴力性もなく信仰に従う人たちの居場所を奪っているも同然です」と断罪します。

しかしライシテはフランスの憲法原則であり、その遵守は法治の問題であるはずです。内藤はそれを差別の問題にすり替えることで、議論を優位に進めようとしています。

ライシテの主旨は、公教育を宗教の影響から守ることです。１９９９年にはヒジャーブを外すことを拒否して高校を退学になったイスラム教徒女性２人が欧州人権裁判所に訴訟を起こしましたが、「ライシテは全国民が従うべきフランス共和国の憲法上の基本原則である」

として訴えは退けられました。つまりこれは法治の問題である、というのが欧州人権裁判所の判断です。

日本のイスラム研究者がたびたびヒジャーブ着用を美化し擁護するのは、彼らにとってヒジャーブが、西洋的価値に対するイスラム的価値の優位を説くための定番の「道具」だからです。彼らはヒジャーブこそ、西洋的自由ではなくイスラム的自由が本当の自由であることの証なのだと強調しますが、これも詭弁です。

そもそもイスラム教の教義は、基本的に女性の自由を否定します。

２０２０年10月には米ニューヨーク州シラキュースのモスク導師ハダル・ビン・ムハンマドが、今日の社会で最も危険なのは娘たちに自由を与えることであり、女は別の男に嫁ぐか死ぬ以外には男性親族から自由になることはない旨をよく認識する必要があると説教しました。彼は、弱く騙されやすい娘の行動を管理するのは男性親族の責任であり、娘にはヒジャーブをしろというだけでは不十分で、学校での行動も念入りに見張らなければならないとも述べました。

「ヒジャーブは自由と解放の象徴」などでは全くないのです。

イスラム教におけるヒジャーブとは

非イスラム教徒が安易にヒジャーブを称賛することは、別の問題にも関わります。

ニュージーランドの女性首相アーダーンは2019年3月、クライストチャーチにあるモスクが襲撃され50人以上が死亡したテロ事件の後、ヒジャーブをしてイスラム教徒を弔問しました。

日本を含む世界中のメディアがヒジャーブ着用によって「イスラム教徒との連帯」を示したアーダーンを称賛する一方、彼女を非難する声も上がりました。ヒジャーブ着用に反対するイスラム教徒の目にその姿は、イスラム教の性差別を是認した証と映ったからです。

ではそもそも、イスラム教におけるヒジャーブとは何なのでしょうか。

イスラム教の啓典『コーラン』には、一般に「ヒジャーブの章句」と呼ばれる次のような章句があります。


預言者よ、あなたの妻と娘、信者の女たちに、ジルバーブを身に着けるよう告げなさい。そうすれば彼女たちは識別され、害されることもないだろう。(『コーラン』第33章59節)

これだけではジルバーブとは何かも、女性はどこをどう覆うべきかも、その理由も判然としません。しかしイスラム学には『コーラン』解釈学という学問があり、その一言一句を仔細に研究してきた伝統があります。

イスラム最初期の学者の一人であるイブン・アッバース（687年没）は同章句について、「神はイスラム教徒女性に首元と胸とその周囲を覆い隠すよう命じた。そうすれば彼女たちは奴隷女ではなく自由人女性だと識別され、姦通者から害されずにすむからである」という解釈を示しています。

最も著名な『コーラン』解釈学者の一人イブン・カスィール（1373年没）も、「イスラム教徒女性は目だけが出るように顔と頭部を覆い隠さなければならない。そうすれば彼女たちは奴隷女や売春婦ではなく自由人女性だと識別されるだろう」と解釈しています。

こうした解釈に基づき、イスラム教徒女性はヒジャーブで少なくとも髪と首元を覆い隠すのが義務であり、それは奴隷女や売春婦と外見によって見分けがつくためである、というのがイスラム法学上の合意事項となりました。

女性の覆いは、「アウラ」という概念とも深く関係しています。アウラはアラビア語で「恥部」を意味し、イスラム法ではそれは覆い隠さねばならない場所であり、それを覆わないのは罪だとされています。『コーラン』第24章31節には、「信者の女たちに言うがいい。かの女らの視線を慎み深く下げて、恥部を守れ。外に出ている部分はしかたないが、かの女らの美しさを人に見せてはならない。胸には覆いをかぶせるよう」とあります。

中世イスラム世界の代表的知識人ガザーリー（1111年没）は、女性は目を含む全身が恥部なのでそれを見た者は性的に堕落すると述べており、『コーラン』注釈者のバイダーウィー（1285年没）も、女性は全身が恥部であり、それを見ることは姦通につながると述べています。

こうした解釈に立脚し、伝統的にはアウラというのは男性の場合には「へそから膝まで」、女性の場合には「全身だけでなく声までも」がアウラだとされてきましたが、現代では一般に、女性の顔と手はアウラではないと理解されています。

現代のイスラム教徒女性の多くがヒジャーブで髪の毛や首元を覆ってはいても顔と手は露出しているのは、その通説に従っているからです。一方、顔も手も全て覆い隠した女性は、女性は全身が恥部、つまり男は女のどこを見ても欲情するため女は全身を覆い隠さねばならない、という説に従っていることを意味します。

イスラム法学者は、女性が覆いをしなければならないのは第一に奴隷女や売春婦と見分けがつくためであり、第二に女性の体の大部分が恥部だからだと論じてきました。これは、覆いをしていない女性はふしだらな奴隷女や売春婦であり、よって強姦されてもいたしかたないという一般的な理解となって広まりました。

つまりヒジャーブ着用を称賛したり支持したりすることには、ヒジャーブを着用していない女は強姦されてもしかたないのだ、という男性中心主義的で男尊女卑的なイスラム的価値観を支持し、性差別や性暴力を正当化する側面があるのです。

異教徒の女性は性奴隷

イングリッド・ビョルクマンら4人の研究者による『スウェーデン福祉国家の出口（*Exit Folkhemssverige: En samhällsmodells sönderfall*）』は、1990年代から、スウェーデン人少女が移民の少年に服を剝ぎ取られ「売春婦」と呼ばれ嘲笑《あざわら》われるといった犯罪が増加したと指摘し、2001年にはスウェーデン第三の都市マルメで11歳から14歳の移民の少年集団が20件近くレイプを繰り返したこと、スウェーデン人女性を「売春婦」と呼ぶ習慣はイスラム教徒移民によって持ち込まれ他の移民男性にも広まったことなどについても記しています。

スウェーデンのナイブロの街中では2016年、「ヒジャーブをしていない女はレイプされたがっている」「民主主義に反対。我々はイスラム教だけを欲する」と書かれたポスターが貼られているのが発見されました。民族学者のマリア・ベックマンはストックホルム郊外リンケビューでの調査に基づき、スウェーデン人の少女たちは金髪であることを理由に男たちに「売春婦」と呼ばれる経験をしたことが理由で髪を染めることがある、と記録しています。

スウェーデン日刊紙スヴェンスカ・ダーグブラーデットは2020年2月、「外国の背景」のある若者の強盗団がスウェーデン人をターゲットに暴行、強盗を働くだけでなく、スウェーデン人を「奴隷」と呼び、足にキスさせたり尿をかけたり飲ませたりするという虐待にも及ぶケースがストックホルムやマルメで急増、少年がレイプされる事件も少なくないと報じました。

ドイツのドルトムントでは2016年1月、イスラム教徒難民の集団がドイツ人女性をつけ回し、「ドイツ女はセックスのためだけにいる」と言い放ってレイプするという事件が起こりました。

2019年3月にオランダのユトレヒトで発生した銃撃テロの犯人であるトルコ人イスラム教徒は、その数年前にテレビのインタビューで体のラインの見えるパンツをはいた女性レポーターを「売春婦」と罵り、「尻が見える服装をするなんて恥を知れ」と暴言を吐いていました。

イギリスのロザラムで、パキスタン人の集団から100回以上レイプされてきた経験を持つ女性は、エラという仮名で2020年4月にインタビューに応じ、レイプ犯から「白人の売春婦」と呼ばれ続けてきたと明かしました。

2020年6月にイギリスのレディングにある公園で、ビールを飲んでいたゲイ男性たちを次々とナイフで攻撃し、首を切るなどして3人を殺害し逮捕されたイスラム教徒難民の男は、過去に女性警官を「奴隷」と呼び、顔に唾を吐きかけるなどした行為で有罪判決を受けており、公判中にも女性判事に唾を吐きかけました。

エジプトのイスラム学の殿堂であるアズハル大学教授スアード・サーレフは2014年9月、ハヤートTVに出演し、イスラム法上、イスラム教徒は異教徒との戦争で捕らえた敵方の女を奴隷として所有することができ、その女を辱めるためにその女と性交することが認められていると述べました。これはイスラム法の正統で古典的な規範です。

現代のイスラム教徒が異教徒女性を奴隷女、売春婦と呼んで侮辱し、躊躇なくレイプすることがあるという事実と、異教徒の女は性奴隷にして構わないというイスラム教の教義の関連性を完全に否定するのは困難です。

ヨーロッパで続発するレイプ事件

イスラム教徒移民が増加したヨーロッパ諸国では、レイプ事件が続発しています。UNHCRは2010年にノルウェーの首都オスロで報告されたレイプ犯は全員が非西洋人であり、この5年間に報告されたレイプ犯は全員が外国起源の人物だと報告しました。スウェーデン国営テレビは2018年、スウェーデンでレイプやレイプ未遂で起訴された男の58%は外国生まれだと報じました。デンマークでは2013年から2014年の1年間に発生したレイプの34・5%が移民によるもので、2016年1月から2017年5月までに発生したレイプ犯12人のうち10人が移民か、外国人か、移民のバックグラウンドのある人物でした。

2019年4月にはアムネスティが、男女平等における先進地域として名高いデンマーク、フィンランド、ノルウェー、スウェーデンの北欧4カ国でレイプ事件が驚くほどの高水準にのぼっているという報告書を発表しました。

ヨーロッパ諸国でこうしたレイプ被害を受けた女性の年齢層は10歳から87歳までと幅広く、被害者の中には車椅子に乗った身体障害者や精神障害者も含まれています。

レイプ犯がイスラム教徒である場合には、当局やメディア、リベラル知識人が被害者である女性に責任を負わせる傾向も顕著です。

ノルウェーのオスロ大学の社会人類学教授で、邦訳もされている『カイロの庶民生活』（第三書館、1986年）の著者でもあるウンニ・ヴィカンは2001年、イスラム教徒男性はノルウェー人女性の服装を挑発的だと感じるため、ノルウェー人女性の方がレイプの責任を負わなければならないと述べました。

ドイツのケルンで2015年の年末から2016年の年始にかけてイスラム系移民の暴徒

が1000人もの女性に性的暴行を加えた際には、同市のH・レッカー市長は女性に対し「来るべきケルンのカーニバルに備え、よく準備してください。私たちは若い女性が読んで準備するためのオンラインガイドを公開します」と呼びかけました。

スウェーデンのウプサラで2019年8月、4日連続レイプ事件が発生し、地元警察が女性に対し「一人で出歩かず、よく考えて行動してください」と呼びかけた際には、人権活動家のマリエット・カディミは警察がレイプ犯を非難せず女性に対してレイプされないように注意しろというのは不当だと批判し、女性の自由と権利が構造的に失われつつあると警告しました。自由を至高理念としてきたヨーロッパの女性たちは今、「レイプされないため」という理由でその自由を失いつつあるのです。

性暴力を告発した被害者側への非難

イスラム教徒男性による性暴力を告発すると、告発した女性の側が執拗に非難、攻撃されるのも特徴です。

2020年7月には英労働党議員サラ・チャンピオンが、イギリスにはパキスタン系イギリス人が白人少女をレイプし搾取するという問題があると指摘したところ、人種正義を掲げる慈善団体「ジャスト・ヨークシャー」から、「ヘイトの炎を煽った」「ネオ・ファシストの殺人者」と糾弾されました。

レイプ被害を告白した既出のエラ（仮名）は、加害者集団はパキスタン系であり犯罪の宗教的側面も理解する必要があると指摘したことが原因で、極左グループや急進的フェミニストからナチス、差別主義者、ファシスト、白人至上主義者、不吉な悪魔などと罵られていると訴えています。

キリスト教徒の迫害を監視するNGOオープン・ドアーズのE・フエンテスは2016年、世界では膨大な数のキリスト教徒女性がイスラム教徒によって誘拐され、レイプされ、強制的にイスラム教に改宗させられており、その最大の理由はイスラム教徒が彼女らを異教徒でかつ女という二重の意味で劣位にあるとみなしているからだと述べています。

異教徒女性を誘拐したり性奴隷にしたりするのは、「イスラム国」などのイスラム過激派だけではありません。オープン・ドアーズによりキリスト教徒迫害が劣悪だと認定されている世界50カ国のうち、イスラム教徒が多数を占める35カ国で同様の迫害が大規模に発生しています。

例えばパキスタンでは、毎年約1000人の非イスラム教徒の少女がイスラム教徒によって誘拐され、改宗と結婚を強制されていると2020年12月にAP通信が伝えています。

2016年1月にキリスト教徒の少女3人を襲い、うち1人を殺害したイスラム教徒の男たちは、「キリスト教徒の少女はイスラム教徒男性の性的快楽のためだけに存在している」と言い放ちました。

日本人女性も例外ではありません。在モロッコ日本国大使館は、2019年7月にはシャウエンで20代女性が、2020年1月にはマラケシュで40代女性が性的暴行の被害にあったと報告し、「お金や性的暴行を目的に（略）言葉巧みに近づいてきて女性の恋心を利用しようとするモロッコ人が少なからず存在します」と警戒を呼びかけています。

在トルコ日本国大使館も2020年2月に公開した「トルコ生活安全の手引き」で性犯罪について、「日本語や英語で親しげに話しかけ食事に誘った上、アルコール度数の高い酒を飲まされた後に乱暴された例やじゅうたん屋の奥の部屋で襲われた例、道を案内する、車で最寄りまで送っていくと言われ、そのまま人気のない場所へ連れて行かれ乱暴された例等があります」と記し、「たとえ親切にされたとしても初対面の人を全面的に信頼し、相手の言いなりに行動することは危険です。ご自身の服装や言動にも注意し、相手が犯罪を起こす気になるような隙を見せないようにすることも大切です」と注意を呼びかけています。

ヒジャーブを称賛することは、たとえ当人にそのような意図がなかったとしても、ヒジャーブをしていない女は奴隷女であり売春婦である、だから襲ってもかまわないのだというイスラム教の男性中心主義的価値観を承認することにつながります。それは私たちにも直接関わる問題なのです。

イスラム主義を広める「退行的左翼」

欧米ではヒジャーブ着用こそがリベラルなイスラム教徒の証だ、という倒錯的な言説もまことしやかに広まっています。例えば反ユダヤ発言で知られる米民主党下院議員イルハン・オマルはリベラルを自称し、人々が自分を批判するのは自分がヒジャーブをしたイスラム教徒で、かつ女性で、かつ黒人だからであり、これは差別だと主張しています。彼女は典型的なイスラム左翼主義者です。

しかし2013年にBBC「100人の女性」に選ばれたこともあるエジプト生まれのコラムニスト、ニルヴァナ・マフムードは「イルハン・オマルはスカーフをかぶったリベラルなイスラム教徒などではない。彼女は本当に進歩的なイスラム教徒を排除するためにリベラルを偽装しているイスラム主義者だ」と批判しました。ヒジャーブは欧米ではすでに高度に政治的な「道具」なのです。

既出のヤスミン・ムハンマドは、幼少期から暴力をふるってきた養父を移住先のカナダで訴えたが「体罰は文化の一部」と判断された、という体験も自伝に記しています。「イスラム教固有の文化的慣行を尊重すべき」「私たちの価値観で彼らの行為を判断すべきではない」

という文化相対主義をとるカナダでは、被害者救済よりもイスラム教の文化に配慮することが最優先されるからです。彼女は、容疑者の行為そのものではなく人種や民族、宗教だけを見て判断が下されるカナダのこうした傾向を、「退行的左翼」と非難しています。

「退行的左翼」は「退行的リベラル」とも呼ばれます。イギリスの元イスラム主義者マジド・ナワーズは、イスラム主義者と手を組む左翼や、イスラム主義についてよく知らないまま善意で擁護するリベラルのことを「退行的左翼」と呼び、イギリスでイスラム主義が広まったのは彼らが原因だと批判しています。

要するに退行的左翼とは、政治的には左翼、リベラルでありながら、多文化主義、文化相対主義などを掲げることにより、リベラルな価値に反対する集団（特にイスラム教）に寛容を示し擁護するイデオロギーのことです。アメリカの著述家サム・ハリスは、言語学者ノーム・チョムスキーやイラン系宗教学者レザ・アスランをその代表格に挙げています。

退行的左翼の「武器」である文化相対主義は、日本でも文化人類学者らによって正しいものとして広められてきました。「文化相対主義を根づかせるためには、異なるものと共存することが必要になってくる。イスラームは、そのはじめから、他との共存をめざしてきた」（『イスラームの日常生活』）と述べる片倉もとこもその一人です。

しかし第三章で論じたように、イスラム教には異教徒をありのまま受け入れ、政治的、文化的多元性を許容する教義もなければ、そのような「理想的共存」が存在したという歴史的事実もなく、現在もイスラム諸国では異教徒が迫害されているのが現実です。

ヒジャーブをしない自由も尊重されるべき

女性の自由と人権を奪い、心身を深く傷つけるような「文化」も、文化相対主義の名の下に保護され、継承されるべきなのでしょうか。

法哲学者の井上達夫は『共生の作法』(創文社、1986年)の中で、「相対主義は客観的価値に関する絶対的認識の標榜を斥けるだけでなく、客観的に妥当する価値の存在そのものを否定することにより、自己の価値の選びを不可謬のものとみなす権利を再び人間に与えてしまったのである」と相対主義を批判しています。

ヒジャーブ着用の是非をめぐって世界は今、二分されています。ヒジャーブの持つ深遠な意味と問題を知らぬまま、「ヒジャーブはイスラム教徒女性の自由と解放の象徴」というイスラム研究者やメディアの吹聴する言説を鵜呑みにするのは偽善的であり、かつ危険です。

ヒジャーブ称賛こそがイスラム教という異文化に理解のあるリベラルな人間、あるいは「いい人」の証であるという「勘違い」には、ヒジャーブを否定するイスラム教徒女性たちを追い詰めて排除し、知らず知らずのうちに西洋文化に対する「イスラム優位論」を広め、ヒジャーブをしていない女はレイプされても仕方がないという価値観を促進する、という側面があるからです。

誇りをもってヒジャーブをしているイスラム教徒女性も、もちろん存在します。しかし私たちは、ヒジャーブをしているイスラム教徒女性に敬意を払うように、ヒジャーブをしないことを選択したイスラム教徒女性にも敬意を払うべきです。

ヒジャーブをしていようといまいと、女性の価値に変わりはありません。女性は女性であるだけで、価値ある存在であるはずです。自由で民主的な社会においては、女性の価値が外見によって差別されるようなことはあってはなりません。ましてヒジャーブをしていなかったからレイプされても仕方がない、などという性暴力の正当化は決して許されません。

ヒジャーブをしているイスラム教徒女性を尊重すると同時に、個人の意志でヒジャーブをしない自由を選択したイスラム教徒女性を尊重し、「ヒジャーブをしない女はふしだらな売春婦」という家族やコミュニティーの圧力や暴力からそうした女性たちを守るのが、私たちの社会のあるべき姿であるはずです。自由な社会に暮らす私たちが、自らは自由を享受しつつ、イスラム教徒女性についてはもっぱら「ヒジャーブはイスラム教徒女性の自由と解放の象徴」と思い込み、「ヒジャーブをしない女はふしだらな売春婦だ」という価値観を彼女たちに押し付けるのは、倒錯以外の何ものでもありません。

第六章 「ほとんどのイスラム教徒は穏健派」か

少なくないイスラム教徒がイスラム過激派を支持

「イスラム教徒のほとんどは穏健派であり、過激派はごく一部にすぎない」。これは、イスラム教について最も広く流布している言説の一つです。

エジプト考古学者である吉村作治は『イスラム教徒の頭の中』（CCCメディアハウス、2017年）で、「全世界のムスリムは（略）そのほとんどが穏健な人たちで、一部のアラブに住む過激派が世界を恐怖におとしめているのだ」と述べています。

板垣雄三は『イスラーム誤認』で、「十数億人に近づこうというイスラーム教徒の中で、問題の急進派の数は数千人規模で、大海の滴のようなものです」と述べています。

宮田律は『現代イスラムの潮流』で、「テロを行うイスラム過激派に対する支持は、イスラム世界ではごくわずかだ」と述べています。

仮にイスラム過激派というのを、イスラム教のイデオロギーに基づき武装攻撃を実行するジハード戦闘員とするなら、ＣＳＩＳは２０１８年時点でジハード戦闘員は世界に10万人から23万人存在すると見積もっています。

イスラム教徒は現在世界に約18億人いるとされているので、イスラム過激派はおよそ０・01％、１万人に１人です。イスラム教徒の大多数が過激派でないのは間違いありません。

一方、過激派の支持者の数は、看過できるほど少なくはありません。

２０１５年公開の「トルコ社会動向調査」では、トルコ人の９・３％が「イスラム国」はテロ組織ではない、８・９％が「イスラム国」は国家である、５・４％がその行動を支持すると回答しています。

イラクの独立行政法人市民社会研究所が２０１５年に実施した調査では、イラク、イエメン、ヨルダン、シリア、リビアのイスラム教徒の15％が「イスラム国」はテロ組織ではなく正当な「抵抗運動」だと回答、37％が対「イスラム国」有志連合を支持しないと回答しています。

米ＮＰＯクラリオン・プロジェクトは２０１５年、複数の調査結果を総合した結論として、「イスラム国」を支持するアラブ人イスラム教徒の割合は最も少なく見積もった場合には５・８％、最も多く見積もった場合には11・５％であり、つまりアラブ・イスラム諸国だけでも

220万人から420万人の「イスラム国」支持者がいるとしています。

過激派の支持者は欧米にもいます。

英調査会社ICMの2014年の調査では、「イスラム国」を支持すると回答した在英イスラム教徒は7％、2015年の調査では9％となっています。

仏国立科学研究センターの2016年の調査では、14歳から16歳の在仏イスラム教徒の24％がシャルリー・エブド襲撃を非難しないと回答、21％がパリ同時テロを非難しないと回答し、32％が自分はイスラム原理主義者だと回答しています。

米シンクタンク安全保障政策センター（CSP）の2015年の調査では、在米イスラム教徒の9％が「イスラム国」の信念はイスラム教的に正しいと回答しています。

それでもなお、イスラム教徒に占めるイスラム過激派支持者の割合は10％程度だと言えます。しかしだからといって、それ以外の多数派のイスラム教徒が穏健派だとは必ずしも言えません。

一方、日本ではイスラム教徒の多数派を単に「穏健派」とするだけではなく、彼らの「ユルさ」を過度に強調する言説も流布しています。

お笑いコンビ、オリエンタルラジオの中田敦彦は2019年9月、YouTube チャンネル「中田敦彦の YouTube 大学」に投稿した動画「宗教と聖地エルサレムを巡るパレスチナ問題」で、

「イスラムは基本的にはお祈りをすれば大丈夫っていう、かなり融通のきいた感じ」と述べています。

中田考も『一神教と国家』で内田樹にイスラム教について「そんなに厳しくないんですか」と尋ねられ、「ぜんぜん。人間の自由度ってあくまでも慣れの問題なのです」と答えています。

板垣雄三も『イスラーム誤認』で、「私はイスラーム教徒のいろいろな社会に接し、ともに生活もし、観察する機会もたくさん持ってきましたが、世界の宗教を見渡してみて、恐らく人間一人一人が一番自由に振る舞うことができ、制約や戒律の少ない宗教は、イスラームではないかと思っています」と述べています。

しかし本当にイスラム教は彼らが言うようなユルく自由な宗教で、「ほとんどのイスラム教徒は穏健派」なのでしょうか。

２０１３年のピュー調査によるとアフガニスタンの99％、イラクの91％、マレーシアの86％、パキスタンの84％、モロッコの83％、バングラデシュの82％、エジプトの74％、インドネシアの72％など大多数のイスラム教徒が、「イスラム法を国の法として施行すること」に賛成しています。

『コーラン』第5章44節には「神が下されたものに従って裁きを行わない者は不信仰者である」とあるので、これはいわば当然の結果です。

イスラム法は神のみを立法者とする法であり、人間は立法することも法を修正、廃止することもできません。そしてイスラム法は、私たちが当然の正義だと信じている民主主義、表現の自由や信教の自由、男女平等、人権の尊重などを概ね全否定します。イスラム教徒の多数派が人間の作った近代的価値観より神に与えられたイスラム的価値観を尊重するのは、教義に鑑みると当然のことです。

身体刑の執行を支持

イスラム教徒の多数派と私たちの価値観の相違は、以下のような点で具体的に確認することができます。

第一に、イスラム教徒の多数派は身体刑の執行を支持しています。

２０１３年のピュー調査によると、パキスタン人の88％は窃盗者に対する手首切断刑、89％は姦通者に対する投石による死刑、76％は棄教者に対する死刑を支持しています。エジプト人も70％は窃盗者の手首切断刑、81％は姦通者の死刑、86％は棄教者の死刑を支持しています。

イスラム法では未婚者であれ既婚者であれ、婚外性交は全て姦通とされます。イスラム法は姦通した未婚者にはむち打ち刑、既婚者には投石による死刑を規定しています。むち打ち刑はイランの他、マレーシアやブルネイ、インドネシアのアチェなど東南アジアのイスラム諸国でも執行され、投石による死刑はイランでは法で規定され、アフガニスタンやイラク、バングラデシュ、パキスタンなどでは私刑のかたちで執行された事例が多くあります。

イランでは２０１９年10月、窃盗罪で有罪判決を受けた人物の右手の指４本を切断する刑が執行され、２０２０年９月にも窃盗者４人に対する指４本の切断刑が確定されました。米拠点の人権ＮＧＯアブドッラフマン・ボロマンド財団によると、２０００年から２０２０年９月までの間に、イランでは少なくとも１２９件の切断刑が執行されました。

身体に苦痛や損傷を与える身体刑は国際法上禁じられ、日本の刑法でも禁じられています。しかしイラン当局は２０１０年国連人権委員会で、身体刑は「文化的、宗教的に当然だ」と主張しました。『コーラン』第5章38節に「盗みをした男も女も、報いとして両手を切断せよ。これはかれらの行いに対する、神の見せしめのための懲しめである」とあるため、イスラム刑法を施行するイランにとって身体刑執行は当為です。

身体刑は人道に反する、というのはあくまでも人間が理性で考えた価値観です。一方、イスラム法は神の法です。イスラム教徒にとって後者が前者に優先されるのは当然なのです。

信教の自由、表現の自由を否定

第二に、イスラム教徒の多数派は信教の自由を否定します。

イスラム法はイスラム教信仰を棄てること（棄教）を死罪としており、2013年のピュー調査によると棄教者は死刑に処すべきだと考える人はエジプトでは86％、ヨルダンでは82％、アフガニスタンでは79％、パキスタンでは76％にのぼります（詳細は第三章）。

世界人権宣言第18条や日本国憲法第20条は信教の自由を保障していますが、イスラム法はイスラム教に入信する自由だけを認め、棄教する自由は認めません。そしてそれを、多数派のイスラム教徒が支持しています。

第三に、イスラム教徒の多数派は、異教徒は地獄に行くと信じており、異教徒をサルやブタと罵ったり、二級市民とみなして蔑んだり迫害したりすることも稀ではありません（詳細は第三章）。

第四に、イスラム教徒の多数派は表現の自由を否定します。自由社会では宗教や神、預言者を批判したり、風刺したりすることも表現の自由に含まれますが、イスラム教の教義はそうした行為は冒瀆であり死罪に相当すると規定します（詳細は第三章）。

イスラム法を普遍と信じる者にとっては、欧米など非イスラム諸国に生きる異教徒が預言者ムハンマドを風刺することも許されがたい冒瀆と映ります。2005年にはデンマーク紙が預言者の風刺画を掲載したことに反発して、世界中でイスラム教徒の暴動が発生し、200人以上の死者が出ました。

2006年に英チャンネル4が実施した世論調査では、在英イスラム教徒の78%が風刺画の発行者は訴追されるべき、68%がイスラム教を冒瀆した者は訴追されるべきだと回答しました。

2015年には預言者の風刺画をたびたび掲載した仏シャルリー・エブド紙の事務所がアルカイダによって襲撃され、編集長や風刺画家ら12人が死亡しました。BBCラジオ4の調査によると、在英イスラム教徒の27%が襲撃者の動機に一定程度共感すると回答、24%が風刺画の発行者への暴力は正当化しうると回答しました。

2020年9月にもシャルリー・エブドの元事務所前で2人が切りつけられるテロが発生、10月には授業で表現の自由を教えるために風刺画を見せたフランス人教師が18歳のイスラム教徒により斬首されるテロが発生しました。男は犯行後、切り落とした首の写真とともに「異教徒の指導者マクロンよ。ムハンマドを貶めたおまえの犬の一匹を処刑した」という声明をツイッターに投稿しました。

マクロン大統領はこれをイスラム過激派テロと断定し、イスラム主義を広めているとされる組織の解体や過激思想の持ち主の強制送還などに着手しました。仏調査会社オドクサの調査によると、3歳からの義務教育導入、外国人イスラム教指導者受け入れ停止などを含むイスラム過激派対策の新法案には約8割の国民が賛同しており、フランス世論研究所（Ifop）の調査によると、授業で風刺画を使用することについても78％が妥当と回答しています。

しかしトルコやイラン、パキスタンなど一部のイスラム諸国の指導者はこれを「西洋キリスト教vsイスラム教」という問題にすり替えて世界中のイスラム教徒の憎悪を煽り、各地でフランス製品の不買運動が発生、バングラデシュでは人々が「マクロンは世界最大のテロリスト！」と怒声を上げながらマクロン人形を燃やす数万人規模のデモが発生しました。

さらに斬首テロから2週間経たぬ間に、21歳のイスラム教徒がニースの教会で老婦人を斬首するなどして3人を殺害、アビニョンでもイスラム教徒が警官を襲撃するなど、フランス各地でテロが同時多発的に発生、その数日後にはオーストリアのウィーンのユダヤ教会周辺で銃撃テロ、11月にはサウジで仏領事を狙った爆弾テロが発生し、「イスラム国」が風刺画に対する報復だとする声明を出しました。

風刺画は、フランス共和国の法では守られるべき表現の自由の範疇《はんちゅう》とされています。ところが一部のイスラム教徒は、それは預言者ムハンマドに対する冒瀆であり、地球上のどこであれ絶対に許されないと主張し、イスラム的価値を受け入れよと暴力を行使してでも迫ります。

ここには折り合いをつけることなど全く不可能な価値の衝突、文明の衝突があるのです。

LGBTを否定

第五に、イスラム教徒の多数派はLGBTを否定します。

2013年のピュー調査によると、エジプト人の95%、インドネシア人の93%、マレーシア人の86%が、社会は同性愛を認めるべきではないと回答しています。また同性愛は道徳的誤りであると回答した人も、タイ人イスラム教徒の99%、インドネシア人の95%、マレーシア人とエジプト人の94%と圧倒的多数を占めています。

なぜなら『コーラン』第7章81～84節に「あなたがたは情欲のため女でなくて男に赴く。いやあなたがたは、途方もない人びとである。（略）われはかれらの上に、（瓦礫の）雨を降らせた。見よ。罪に耽る者の最後がどんなものであったかを」とあるからです。

日本を含む西側諸国では、同性婚を公式に認めるか否かなど制度の点では様々ですが、少なくとも同性愛者だからという理由だけで拘束されたり、罰せられたりすることはありません。

しかし国際レズビアン・ゲイ協会が公開した2019年のリポート「国家公認の同性愛嫌悪」によると、世界には同性愛行為に死刑を科す国が9カ国あり、その全てがイスラム諸国です。同性愛行為を犯罪と規定している国も世界に約70カ国あります。

イスラム諸国では一般に、同性愛は病気だと信じられています。イスラエル紙エルサレム・ポストは2020年3月、イランでは同性愛者は性別適合手術を受けて同性愛を「治療」するよう強制され、それを受け入れない場合は拷問を受け、ひどい場合には処刑されると伝えています。イランの性別適合手術件数が世界第2位と非常に多い理由はここにあります。

2008年のウィキリークスは、イランでは1979年のイスラム革命以降、4000人から6000人の同性愛者が処刑されたと伝えています。

イランのザリーフ外相は2019年、同性愛者を処刑する理由についてドイツ人記者に質問され、「我々の社会には道徳的原則があるからだ」と回答し、逆にアメリカやイスラエルこそが人権侵害を犯していると非難しました。道徳や人権の意味するものは、決して普遍的ではないのです。

イスラム教徒のLGBT嫌悪は、暴力というかたちで表出することも稀ではありません。

2004年にイスラム教徒によって殺害されたオランダの映画監督テオ・ヴァン・ゴッホは、ゲイでした。

バングラデシュのダッカでは2016年4月、LGBT活動家がナタで襲われ殺害されました。

アメリカのオーランドにあるゲイ・ナイトクラブで２０１６年６月に発生し、49人という多数の死者を出した銃撃テロの犯人は、日頃から同性愛者を嫌悪していたイスラム教徒でした。

アルジェリアでは２０１９年２月、大学の学生寮で医学生が喉を切られ殺害される事件が発生し、壁には彼の血で「こいつはゲイだ」と書かれていました。

イギリスのレディングでは２０２０年６月、公園でピクニックを楽しんでいたゲイの集団を25歳のイスラム教徒難民が襲撃し、３人を殺害しました。

蔓延する子供への体罰・精神的虐待と児童婚

第六に、イスラム諸国では子供に対する体罰や精神的虐待が蔓延しています。

２０１９年１月にユニセフが公開した「中東北アフリカ諸国における暴力的しつけ」についての報告書は、イスラム教徒が多数を占める中東北アフリカ12カ国で２歳から14歳までの子供の84％が精神的虐待（怒鳴る、「バカ」や「怠け者」などと言って罵るなど）や、暴力的しつけ（力一杯殴る、ベルトや棒などで叩くなど）を受けていると報告しています。

同報告書は、これら諸国で子供に対する暴力が蔓延している原因については明言していません。しかし自身も幼少期から暴力的しつけや体罰を受けてきたと告白している人権活動家ヤスミン・ムハンマドは、イスラム教がその原因だとはっきり指摘しています。

預言者ムハンマドは、「あなたがたの子供が7歳になったら礼拝を教えよ。もし10歳になっても礼拝をしないようであれば殴れ」「男は自分の家族の住民を管理する羊飼いであり、その群れの責任を負う」と言ったとハディースに伝えられています。第四代正統カリフのアリーが「神に最も愛される人間とは、預言者を手本とし、彼に倣う人間である」と言ったように、預言者ムハンマドはイスラム教徒にとって最良の手本とされています。イスラム教徒の親の多くが子供を暴力的にしつける背景に、宗教的要因があるのを否定するのは困難です。

第七に、イスラム諸国では今も児童婚が広く行われ、社会的にも是認されています。

国際児童支援団体セーブ・ザ・チルドレンが２０１７年に公開した報告書「奪われた子供時代」によると、世界には15〜19歳ですでに結婚している少女が４０００万人おり、うち４００万人は15歳未満で結婚、多くの場合両親によって強制的に結婚させられており、相手は相当年長である場合が多いとされています。

児童婚によって少女は子供時代を奪われ、教育の機会も奪われ、性的に搾取されながら妊娠と出産を強いられ、母親になることや家事労働を強いられます。早すぎる妊娠、出産によりＨＩＶや子宮脱、子宮破裂などで死に至ることすらあります。

イランでは女性の結婚最低年齢は法律上13歳と定められていますが、裁判官の許可があれば13歳未満でも結婚することができます。２０１９年には13歳未満の少女の結婚を禁じる法案が否決され、国会の法務委員会の報道官は「９歳の少女は結婚に適している」と述べました。２０２０年10月にはエブテカール副大統領（女性・家族問題担当）が、イランでは毎年少なくとも３万人の14歳未満の少女が強制的に結婚させられていると報告しました。

タイは人口の多数派を仏教徒が占めますが、５％ほどはイスラム教徒です。彼らの多くはタイ南部国境の４州に住んでおり、そこでは結婚や離婚を含む家族や相続に関わる事案についてイスラム法の適用が認められています。

２０１８年８月には11歳のタイ人イスラム教徒の少女が41歳のマレーシア人男性と結婚させられた件が、世界に広く報道されました。タイ南部では初潮を迎えた少女が結婚するのは珍しくなく、隣国マレーシアのイスラム教徒がこうした少女たちを妻として連れて行くケースも多くあります。

２０２０年11月には、フィリピンで48歳のイスラム教徒男性が13歳の少女と結婚したと報じられました。フィリピンも、人口の約５％がイスラム教徒です。

イエメンでは結婚最低年齢が定められていないので、親が幼い娘を結婚させても法的には何ら問題とされません。アフガニスタンでは女性の結婚最低年齢を16歳と定めていますが、２００９年の国連の調査では花嫁の57％が16歳未満であるとされ、３歳の少女が妻として売られるケースも報告されています。エジプトも法定最低結婚年齢は18歳ですが、2017年の調査では女性の15%が16歳になる前に結婚しています。

2015年に『タイム』誌の次世代リーダーの一人に選出されたパキスタンの女性人権活動家ニグハト・ダドは、パキスタンはいまだに家父長制社会であり、一家の名誉を守るために女子に早婚を命じるケースが多いと指摘しています。

パキスタンの裁判所は2020年2月、女性は初潮を迎えれば結婚できるとして、14歳の時に誘拐されてイスラム教に改宗させられ、イスラム教徒と結婚させられたキリスト教徒の少女の結婚を合法と判断しました。毎年1000人ものキリスト教徒やヒンドゥー教徒の少女がこうした被害にあっているにもかかわらず、「少女の教育を受ける権利」を主張して2014年にノーベル平和賞を受賞したパキスタン人のマララ・ユスフザイが、この問題を無視していることを批判する声も上がっています。

イスラム諸国が児童婚を容認し、また実際に児童婚が多いのは、全てのイスラム教徒にとっての完全な模範とされる預言者ムハンマドが最愛の妻アーイシャと結婚したのは彼女が6歳もしくは7歳の時であり、9歳もしくは10歳の時に性交したとハディースに伝えられているからです。その時ムハンマドは53歳だったとされています。

『コーラン』第65章4節も「まだ月経のない者」の待婚期間について3カ月間と定めており、

イスラム法学者らはこれを、神は月経がない少女の結婚を認めているのだと解釈してきました。イスラム法上は、人間は生まれてすぐにでも結婚できるとされ、性交も肉体的に成熟すれば可能であり、必ずしも初潮を迎えている必要はない、あるいは9歳ならば可能だなどと論じられています。

トルコ宗務庁は2018年、公式ウェブサイトに「結婚最低年齢は女子9歳、男子12歳」と記し、野党や女性権利団体などから非難が殺到したため削除するに至りました。

イランの宗教指導者アボルガセム・ヤグビは、2019年8月にイランのホラサン・ショマリTVで放送された説教で、預言者ムハンマドは「あなたの娘は熟した果実のようなもので、熟した時に摘み取らないと腐ってしまう」と言ったと述べ、少女をなるべく早く結婚させることが我々の宗教の推奨事項だと述べました。

2019年にはBBCが、イラク国内でシーア派宗教指導者が少女売春を斡旋している実態をドキュメンタリーで放送しました。シーア派では9歳以上の少女に婚資を払い期間限定で結婚する、つまり性交することのできる「一時婚」も合法とされています。

女性の価値は男性の半分

第八に、イスラム教徒の多数派は、男女は平等でも同権でもなく、女は男の半分の価値しかないと信じています。

トルコのエルドアン大統領は２０１４年11月に開催された「国際女性と正義サミット」で、男女は平等ではない、イスラム教は女性に「母」という特別な地位を与えている、フェミニストにはそれが理解できないのだろうと述べました。２０１６年５月には避妊や妊娠中絶は国家反逆罪に等しいと非難し、女性は人前で笑うのを避けねばならないと述べ、６月には仕事をしているという理由で出産を拒否し家事を怠る女性は「不足」しており、ビジネスの世界でどれだけ成功していても「半人前」だと批判しました。

私たちの目にこうした発言は女性差別的と映りますが、多くのイスラム教徒には当然のことと受け止められます。なぜならそれは、イスラム的価値観に立脚しているからです。

『コーラン』ではしばしば、女性の価値は男性の半分とされています。『コーラン』第４章11節は遺産分割について、「男児には、女児の２人分と同額」と明示します。２０１３年のピュー調査で「息子と娘の遺産相続は同額であるべき」と回答した人は、チュニジア人とモロッコ人の15％、イラク人の22％、エジプト人の26％とかなり少数にとどまっています。

また『コーラン』第２章２８２節は証人について、「二名の証人をたてよ。男二名がいない場合は、男一名と女二名をたてよ」と明示しています。預言者ムハンマドはこれに関連して「女性の証言は男性の証言の半分に等しいのか」と質問され、「そうだ。それは女性の理性の不足ゆえだ」と述べたとハディースに伝えられています。

『コーラン』第2章222節は「それ（月経）は不浄である。ゆえに月経中の女たちからは遠ざかり、清浄の身に戻るまでは決して近づいてはならない」と述べており、これは女性が信仰の上でも男性と比べて「不足」している理由の一つだとされています。

『コーラン』第2章228節や第4章34節は、生活に必要な金を出すのは男なので男は女の上に立つと明示しています。

『コーラン』は男性だけに複婚（4人まで妻を娶ること）を認めます。2013年のピュー調査では、複婚が倫理的に悪いことだと回答した人はヨルダン人の6％、エジプト人の8％、マレーシア人の10％のみでした。

イスラム法は、夫が妻に「お前は離婚だ」と三度言えば自動的に離婚が成立する一方的離婚を認めますが、妻からの離婚の申し出には制限をつけます。2013年のピュー調査では、「妻は夫を離婚する権利をもつべき」と回答した人はマレーシア人の8％、イラク人の14％、エジプト人の22％のみでした。

イスラム教徒の多くは、神は男と女を別物として創造し、それぞれにふさわしい権利と義務を与えたのであり、それは互いに全く異なるのが当然であって、男女は平等でも同権でもないと信じているのです。

妻は夫に完全服従

第九に、イスラム教徒の多くは、妻は夫に完全服従しなければならず、従わない妻は殴ってもいいと考えています。

２０１７年の国連の調査によると、エジプト人男性の90％、モロッコ人男性の62％が「女性は家族のために暴力に耐えなければならない」と回答しています。

２０１２年11月にエジプトの「女性のための国民会議」が発表した調査は、エジプト人女性の60％が暴言、殴打、教育を受けることの禁止といった様々なかたちの家庭内暴力の被害を受けているとし、その第一の原因として、女性の能力を低く見て女性の権利を規制することを当たり前だと考える「習慣や伝統」を挙げています。

『コーラン』第４章34節には、「あなたがた（男）は不服従の心配のある女たちには諭し、それでもだめならこれを寝床に置き去りにし、それでも効きめがなければこれを殴れ」とあります。

預言者ムハンマドも、「男は妻を殴る理由を問われるべきではない」と言ったとハディースに伝えられています。

トルコのハジェテペ大学が２０１４年に行った調査によると、約４割のトルコ人女性が身体的、性的暴力の被害経験があると回答しています。女性に対する家庭内暴力やジェンダーに基づく暴力（いわゆるフェミサイド）を追跡している組織「我々はフェミサイドを止める」は、トルコでは２００８年から２０１９年の間に少なくとも３１８５人の女性が男性に殺害されたと推計、その数は年々増えていると警鐘を鳴らしています。

妻には、夫との性交を拒否する権利も認められていません。

チュニジアで一時は第一党だったイスラム主義政党ナフダの党首ラーシド・ガンヌーシーは、「女性はアウラ（恥部）であり、性交のための器である」と述べましたが、こうした認識の源には『コーラン』第２章２２３節「女はあなたがたの耕作地。だからどうでも好きなように自分の畑に手をつけるがよい」や、「もし夫が妻を（性交のために）ベッドに呼び寄せ、妻がそれを拒否して怒りのままに彼を眠らせたならば、天使たちは朝まで彼女を呪うだろう」というハディースがあります。

これを正しいと考えるイスラム教徒にとっては、ガンヌーシーの認識は「ふつう」であり、逆に夫婦間レイプという概念は全く理解しがたいものと映ります。

デジタルメディアＶＩＣＥが２０１６年４月に公開したアフガニスタン女性についてのドキュメンタリー番組では、女性記者イゾベル・ユンがイスラム主義者の国会議員ナズィル・アフマド・ハナフィーに夫婦間レイプについて質問したところ、ハナフィーが「質問をやめなさい。アフガニスタンの男におまえの鼻を切りおとさせたほうがよさそうだ」と述べ、ユンを凍りつかせる場面がありました。

夫への服従が要請されるのは、イスラム諸国のイスラム教徒女性だけではありません。2020年2月にはスウェーデンのヨーテボリ・モスクのHPに、「イスラム教徒女性は夫に服従し、夫の許可なく外出してはならない」「イスラム教徒女性は月経や病気などの事情がない限り必ず夫の性交の求めに応じなければならない。さもなければ罪を犯したことになる」などと記されていることが明らかとなり問題となりました。

名誉殺人に寛大

第十に、イスラム諸国やイスラム教徒の多くは「名誉殺人」に寛大な立場をとります。名誉殺人とは、女性親族が家族の名誉を汚す行動をしたり、そう噂されたりした場合に、家族の名誉を回復させるために男性親族が当該女性を殺害する行為です。

源にあるのは、家族の名誉は女性親族の行動にかかっており、それを管理するのは男性の責任だという考えです。2017年の国連の調査によると、エジプト人男性の78%、パレスチナ人男性の82%が女性親族を管理するのは男性の責任だと回答し、エジプト人男性62%、パレスチナ人男性の47%が女性親族は概ね名誉殺人という罰を受けるに値すると回答しています。

「名誉を汚す行動」には、勧められた結婚を拒否する、異性と交流する、性的暴行の被害を受けるなどの他、自転車に乗る、運動をするといった「処女性」を失う可能性のある行動、「西洋的すぎる」こと、つまり両親に従順でない、ヒジャーブを着用しない、西洋的な服装をする、高等教育やキャリアを望む、異教徒の友人や彼氏を持つことなども含まれます。

２０１３年のピュー調査では、男性親族が実行する名誉殺人について「決して正当化されない」と回答した人はイラクでは33％、アフガニスタンでは24％、バングラデシュでは38％、エジプトでは41％と少数にとどまり、アフガニスタンとイラクでは60％の人が名誉殺人はしばしば、あるいは時には正当化されると回答しています。

国連は２０００年に、世界では年間約５０００件の名誉殺人が発生しているという推計を発表しましたが、名誉殺人は自殺として処理されたり隠蔽されたりすることも多く、正確な件数は不明です。それはアジアや中東だけでなく、欧米でも発生しています。

一般に名誉殺人は、イスラム教とは無関係であると説明されます。しかしニューヨーク市立大学スタテンアイランド校名誉教授フィリス・チェスラーは、名誉殺人の加害者の91％がイスラム教徒であるという調査結果に立脚し、名誉殺人は主にイスラム教徒に対する犯罪だと指摘しました。

中田考は２０１９年３月、「イスラーム法では姦通は立証されれば既婚者は男であれ女であれ石打ちで死刑、未婚であれば男であれ女であれむち打ち刑。未婚の女性の姦通だけを裁判抜きに親族が殺す名誉殺人は三重にイスラーム法に反する行為」とツイートしましたが、名誉殺人はそもそも姦通だけでなくその名の通り「名誉」に関わる問題であり、名誉殺人についてのイスラム法学者の一般的見解も中田とは異なります。

サウジアラビアのイスラム法学者サーレフ・マガムシーは２０１４年、「娘や息子を殺した父は殺される（死刑に処される）か」という質問に対し、「父は息子のために殺されない」というハディースを典拠とし、「多くの法学者は、父は殺されないとしている」と回答しました。

イスラム法は殺人について、被害者親族が犯人に対し同害報復刑か賠償金支払いを要求する権利があると定めます。しかしスンニ派四法学派のうち三派は父が子を殺しても同害報復刑の対象にはならないとし、一派のみ母がそれを求める権利を認めます。

子を殺した父は基本的に死刑に処されることはない、とイスラム法で規定されていることが名誉殺人の誘発、助長、是認に結びついているだけでなく、名誉殺人の多くが警察に通報されず隠蔽される理由でもあることは、国際法学者のハンナ・イルファンや犯罪学者のリンジー・デヴァースなど多くの研究者が指摘しています。

イスラム法学者の中には、名誉殺人を奨励する人もいます。2018年9月にはエルサレムのアクサー・モスクで説教師のイサーム・アミーラが、男性親族の付き添いなしに女性が外出するのは名誉を汚す行為だとし、男に対し女性親族に、「我々はあなたの名誉を守るために死ぬ覚悟はできているが、あなたが名誉を軽んじるならばあなたを殺す覚悟もできている」と言えと説教しました。

イランの刑法は娘を殺した罪で有罪となった父に対し、最長で禁錮10年の刑を科するにとどめます。2020年5月に年上男性と駆け落ちした14歳の娘の首を鎌で切り落とすという極めて残忍なやり方で殺害し、世界中を震撼させた父親に対して、裁判所が下した判決は禁錮9年でした。イランでは反体制デモの参加者や飲酒者、棄教者に対しては死刑判決が下されることがある一方、娘を斬首した父親に対しては寛大な判決が下されるのです。

イランのISNA通信は、イランでは毎年350～450件の名誉殺人が発生していると伝えており、2014年には警察高官のハディ・モスタファエイが名誉殺人はイランの殺人事件の20％を占めていると述べました。

イランでは2020年5月から6月にかけて、既出の鎌による斬首の他にも、妊婦が「他の男と関係を持ち、家族の名誉を汚した」として父と兄弟に毒殺される事件、兄が「不倫をして夫を裏切り、家族の名誉を汚した」として妹を刺殺する事件、男と逃走した妻を夫と従兄弟が斬首する事件、帰宅が遅くなった娘を父が鉄の棒で殴って殺す事件など名誉殺人が相次ぎ、ポンペオ米国務長官は7月の会見で、「イランの腐敗した指導者たちは40年間こうした殺人を容認し、女性たちの人間性を奪ってきた」と批判しました。

またアムネスティのイラン研究員ラハ・バフレイニは、イランでは名誉殺人だけでなく家庭内暴力、夫婦間レイプ、早婚・強制結婚など、女性に対する暴力が蔓延していると批判しています。

イスラム教徒女性の実態を隠蔽するイスラム研究者

しかし、片倉もとこは『イスラームの日常生活』で、アメリカ育ちのイラン人女性がイランに帰って「黒装束のイスラーム風尼さんスタイル」になり、「大きな目を、生き生きと輝かせて」「米国にいたときより、イランでのほうがわたし、幸せよ」「ここには人の心がたっぷりあるの」と言ったというエピソードを紹介し、イスラム社会より西洋社会の方が上等とか、すすんでいるといった思考からは解放されねばならないと主張しています。日本のイスラム研究者はイランで女性が抑圧されている実態には決して言及せず、イランにこそ理想社会があると強弁します。

世界経済フォーラムの2020年ジェンダー・ギャップ・リポートによると、対象となっている世界153カ国のうち最も男女格差が大きいとされる153位のイエメンを筆頭に、152位イラク、151位パキスタン、150位シリア、148位イラン、146位サウジアラビア、145位レバノン、144位オマーン、143位モロッコとイスラム諸国が下位に名を連ねています。

イスラム諸国で男女格差が大きい要因の一つとして、イスラム教の教義、価値観が人々にも社会にも浸透していることを否定するのは困難です。

国連の事務次長（軍縮担当上級代表）を務める中満泉《なかみついずみ》は2020年2月の毎日新聞のインタビューで、誰もが性別に関わらず平等に機会を与えられるジェンダー平等は社会全体のメリットになるという考え方は「世界の常識」だと述べています。彼女の目に、男女は不平等であり同権ではないと信じるイスラム教徒のような人々の存在は映らないようです。

そのような「常識」を全く共有しない人々が世界に存在していることを認めない限り、その世界で苦しむ女性たちの存在は可視化されず、彼女たちが救われることは永遠にないでしょう。この構造自体が、由々しき問題です。

他の日本のイスラム研究者も、イスラム教徒女性の実態の隠蔽に余念がありません。

女子学生を「洗脳不倫」したと週刊誌に報じられ、慶應義塾大学を諭旨退職処分になった元教授の奥田敦は、2017年1月にYouTubeの「たかまつななチャンネル」で公開された動画で、『コーラン』では、女の人は出産し子育てをするだけでも偉いんですよと書かれている」「日本の法律のどこにそんなこと書かれている?」と述べ、イスラム教は女性を尊重しているが日本はそうではないと批判しました。

内藤正典は『となりのイスラム』で、「イスラム教徒のほうが日本やヨーロッパと比べてDVの発生率が高いということはないようです。言うまでもないことですが、人に対して優しくあることは、イスラムの根本的な価値であり、女性に対して守ろうとする意志はことのほか強いからです」と述べています。

彼らの目的は、日本はダメだがイスラム教は素晴らしいと日本人に思わせることです。だから彼らは、イスラム教は女性を尊重していると強調することにより現実を糊塗《こと》しようとしているのでしょう。

イスラム教徒の多くは、私たちが普遍的価値だと考えている自由、人権、平等について私たちとは異なる考えを持っており、それは私たちの「穏健」の感覚とは相当ずれています。

理解しておかなければならないのは、子供や女性、同性愛者、棄教者、異教徒などに対するイスラム教徒のこうした考えは、彼らの無知に基づいているわけでも、彼らが未開であるからでもなく、彼らが普遍的と考える神の法に基づいているという点です。

出口治明は『哲学と宗教全史』において、次のように述べています。

イスラーム教は偶像崇拝の禁止に見られるように、どこかにセム的一神教としての信仰上の純粋さを残していて、そのことがよきにつけ悪しきにつけ、社会的に先鋭的になってしまうようにも思えます。しかし考えてみると、キリスト教とイスラーム教の誕生には約600年の時間差があります。歴史的な時間の尺度で考えれば、これからのイスラーム教が、いずれはキリスト教のようにより世俗的になるかもしれないと、考えることも可能です。

この主張は明らかに、イスラム教を「遅れたもの」として見下しています。しかしジハードや同性愛禁止、男女不平等などはイスラム教の教義であり、イスラム教徒はそれを普遍的価値だと信じています。イスラム教徒は今後時間の経過とともに自ずと世俗化し、前近代的な宗教的価値を捨てるわけではないのです。

イスラム教徒が「本当の穏健派」になることの困難さ

ムスリム同胞団のイデオローグであり、イスラム過激派に多大な影響を与えたことで知られるサイイド・クトゥブ（1966年没）は著書『道標（*Maalim fi al-Tariq*）』で、「近代は無知である」と論じました。近代は物質的な豊かさや科学の進歩などをもたらした、しかし今の時代は本質的に「神の主権」が欠如しているという点において「無知無明の時代」なのだ、というのが彼の主張です。

マレーシアの元首相マハティールは2020年10月のブログで、表現の自由を擁護し預言者ムハンマドの風刺画を許容した仏マクロン大統領のことを「文明化されていない」「未開だ」と蔑《さげす》みました。彼にとって文明とは、すなわちイスラム教なのです。

もし私たちの考える「穏健」が、表現の自由や宗教の自由を認め、女性や子供、異教徒、同性愛者の権利を尊重することを意味するならば、イスラム教徒の多数派は明らかに穏健派ではありません。

しかしそれは、イスラム教徒が劣っていて私たちが優れている、ということを意味しません。彼らが正しいと考えるものと、私たちが正しいと考えるものが異なるだけです。

「ほとんどのイスラム教徒は穏健派」と主張するイスラム擁護論は、イスラム教徒も私たちと「オンナジ」なんだという危険な誤解を生み出すだけです。私たちはそれに翻弄されたりせず、彼らが私たちとは全く異なる価値観を持っているという現実を理解し、「オンナジ」などという生温い感覚では共生などできないと認識した上で、二つの価値観が衝突しないよう、衝突した場合にも妥協点を見つけることができるよう、知恵を尽くしていかなければなりません。

世界にはもちろん、「本当の穏健派」イスラム教徒もいます。

イラン生まれのシーア派イスラム法学者で『イスラム教の悲劇（*The Tragedy of Islam*）』の著者でもあるオーストラリア在住のムハンマド・タウヒーディーや、パキスタン系カナダ人ジャーナリストで『ユダヤ人は私の敵ではない（*The Jew is Not My Enemy*）』の著者としても知られるターレク・ファタフは、イスラム過激派やイスラム主義を非難するだけでなく、ヒジャーブ強制や一夫多妻、女性に対する暴力にも反対し、政教分離や男女平等、異教徒との友好的共存を説いています。

彼らは、イスラム教徒は「本当の穏健派」になるべきだと考え、自ら率先してそれを体現している勇気あるイスラム教徒です。しかし「本当の穏健派」になるということはすなわち、伝統的なイスラム教の教義を否定することを意味します。彼らがほとんどのイスラム組織から敵視され、時には実際に攻撃されていることが、イスラム教徒が「本当の穏健派」になることの難しさを露呈させています。

第七章　「イスラム教を怖いと思うのは差別」か

イスラム教を怖いと思うのは無知が原因？

「イスラム教は怖くない。怖いと思っているのはあなたが無知だからだ」という言説は、日本においてかなり一般的です。

お笑い芸人の中田敦彦はYouTubeチャンネル「中田敦彦のYouTube大学」で2019年4月、「イスラム教を分かりやすく解説してみた」という動画を公開し、冒頭で「イスラム教は馴染みが薄い。過激派とかそういうニュースで目にするから、ちょっと怖いイメージを持ってたりする人も多いと思うんですけど、実はそんなこともないんだよということと、ちゃんと歴史を知ることで、ちゃんと『あーそういうことなのね』と接することができる」と述べ、背後に「むしろ寛容になったから広まっていった」というテロップを出し、次のように「解説」しました。

「ルールが柔らかくなったのがイスラム教」
「キリスト教に迫る勢いでイスラム教が増えている。というのも入りやすい宗教だから、というのが大きいと思う」
「イスラムの人っていうのは、どちらかというと祈りさえすればいいという、柔らかい戒律のなかでやっている人が多い」

読売新聞は2020年1月、「渋谷のモスク、『インスタ映え』人気…無料ツアーに100人超」という記事で、東京都渋谷区にある国内最大級のモスク「東京ジャーミイ」を訪れた高校生が「きれい…」と「思わず感嘆の声を上げた」様子を紹介し、次のように続けています。

「今までイスラム教には『怖い』という印象を持っていたけど、それは偏見だったと気づかされた」。同校の女子生徒はそう語り、「異文化を学び、理解する努力を続けたい」と笑顔で話した。

毎日新聞は2019年11月、「全国でモスク増加『なんとなく不安』の壁超え 36都道府県105カ所 ともに暮らすために」という記事を掲載しました。

イスラム圏からの労働者や留学生の増加で近年、各地でモスク（イスラム教礼拝所）の開設が相次いでいる。早稲田大人間科学学術院の店田廣文教授（アジア社会論）の調査によると、36都道府県で105カ所（2018年末）に上る。単なる礼拝場所ではなく、信者同士の交流や教育の場などさまざまな役割を担うモスク。開設の動きは今後も進むとみられ、日本社会との共生、共存が課題になる。

店田《たなだ》廣文は「住民とトラブルになった例はいくつかあるが、いずれもイスラム教についての知識が乏しく、『何となく不安』との印象を持たれたのが原因だ。イスラム教自体はテロや紛争とは直接の関係はなく、日本の住民側もイスラム教徒の普通の生活を知り、直接会って交流することが重要」と述べています。

中田敦彦の「解説」と読売、毎日の記事に共通するのは、イスラム教を怖いと思うのは無知が原因だと主張している点です。

イスラモフォビア（イスラム恐怖症）批判

近年、日本のイスラム研究者はそこからさらに一歩進み、「イスラム教を怖いと思うのは差別」であり、それはイスラモフォビアと呼ばれると喧伝しています。

笹川財団編『アジアに生きるイスラーム』は、冒頭で唐突に次のように述べます。

イスラモフォビア - そんな言葉を耳にしたことはないだろうか？　イスラーム恐怖症とも訳され、イスラームという宗教、またそれを信仰するムスリムたちを恐れ、そして忌み嫌う感情が、いま世界中に渦巻いている。それは（略）種々の報道によって日本にも伝播しているように思える。しかし、私たち日本人は、イスラームのことをどのように理解し、ムスリムのことをどれだけ知っているのだろうか。

同書では、東南アジア諸国を専門とする研究者が各地に住むイスラム教徒について、寛容で、おおらかで、平和を愛していて、多様性を尊重していて、穏健で、温和で、友好的で、他者と融和的で、柔軟で、美しくて、おしゃれで、思いやりがあって、たくましくて、強くて、自由闊達で……、と言葉を尽くして賛美しています。

しかし寛容でおおらかで平和を愛するイスラム教徒の実例をいくら多く挙げたところで、

それはイスラム教という宗教の教義が寛容でおおらかで平和を愛しているということの証明にはなりません（詳細は第一章）。イスラム教という宗教とイスラム教徒個人を一体的にとらえるのは、非常に危険で問題のある誤謬《ごびゅう》です。

内藤正典は『イスラム戦争』でイスラモフォビアについて、「イスラムに関する無知、先入観、偏見が幾重にも重なり合った挙げ句、相手がイスラム組織だと簡単にテロ組織にしてしまい、民主主義の敵、人権の敵と断罪することになります」と述べています。

内藤は『となりのイスラム』では、ヨーロッパでテロをするイスラム教徒移民について「彼らをホーム・グロウン・テロリストと呼んで、自分の体内に巣食う病巣のように扱う人もいますが、なぜそういう病巣を生み出したのか、自分自身の言動に問題はなかったのかを省みなければ意味がありません」と、ヨーロッパ人の方に原因があると批判します。

宮田律は『文藝春秋オピニオン　２０２０年の論点１００』で、在日イスラム教徒の急増を受け、「では日本人は、特に文化や慣習にあまり馴染みがないムスリム移民や難民たちにどう向き合っていったらよいのだろうか」と前置きし、次のように述べています。

　ヨーロッパなどでムスリムの移民2世、3世がテロを起こすのは、社会的に疎外され、雇用の面などで差別を受け、貧困な状態に置かれるからだ。つまり日本は、入国管理を厳格に行うだけでなく、テロが起こらないためにも、日本で暮らす、あるいは日本で生まれたムスリムたちが疎外感をもたないよう日本社会に円滑に取り込んでいくことが求められている。

こうした主張はいわゆる「教養本」でも確認されます。

池上彰は『池上彰の世界の見方　中東』の冒頭で、イスラム過激派のニュースを見聞きして「イスラムは怖い」というイメージを持つ人も多いだろうが、「実は、これが過激派の手口なのです」と記し、次のように説明します。

過激なテロが続くと、「イスラムは怖い」という偏見が広まり、一般のイスラム教徒に対する差別や抑圧が高まる可能性があります。すると一般のイスラム教徒の中に「なんで我々ばかり差別されるのだ」という不満が高まるでしょう。（略）こうして過激派を育てる土壌が広がっていくのです。「テロ」とは「恐怖」という意味。相手に恐怖を与えることで自分たちに有利な状況を作り出すことになるのです。ということは、「イスラムは怖い」と思ってしまうことが、テロに屈することになるのです。

中田敦彦が２０１９年９月に公開した「中東の宗教『ユダヤ教・キリスト教・イスラム教』の歴史」という動画では同書が参考書とされており、再生回数は２０２０年11月時点で３００万回を超えています。その影響力は甚大です。

内藤、宮田、池上の三氏は、悪いのはテロリストではなくイスラム教を怖いと思うあなたの方だ、なぜならあなたがイスラム教を怖いと思うその気持ちが、無辜《むこ》のイスラム教徒を追い詰め、テロリストにしてしまったからなのだ、と主張します。

しかし第四章で論じたように、イスラム過激派テロの原因はイスラム教のイデオロギーであり、イスラモフォビアを原因とするのはイスラム過激派を擁護するための詭弁にすぎません。

私たちがイスラム教を怖がりさえしなければテロは起こらない、というのはウソです。

ロンドンでは２０１９年11月、ウスマーン・カーンという名のパキスタン系イスラム教徒がナイフで次々と人を突き刺し、２人を殺害するテロ事件が発生しました。カーンは２０１２年、19歳の時にアルカイダとつながりテロ計画を立てていたとして実刑判決を受けたものの、大幅に減刑され２０１８年12月に釈放されました。

カーンがテロを実行したのはその１年後、ケンブリッジ大学主催の元受刑者向け更生プログラム参加のため、１日だけロンドン市内に入ることが認められたその日のことです。彼は当該プログラム参加中にテロ実行に及びました。殺害された2人は、同大学を卒業し元受刑者の社会復帰支援事業に取り組んでいた、23歳の女性と25歳の男性でした。

カーンが異教徒に対して強い憎悪と敵意を抱いていることは、２０１２年段階ですでに明らかになっていました。釈放後、彼はその憎悪を、彼の更生を今まさに一緒にその場で考えてくれている、イスラモフォビアとは最も縁遠い人々に向けたのです。「イスラム国」はのちに、カーンは「イスラム国」の戦闘員だったと声明を出しました。

ロンドンでは２０２０年2月にも、テロ容疑で服役し早期に仮釈放された20歳のイスラム教徒スデシュ・アンマンが、ナイフで3人を突き刺すテロ攻撃が発生しました。MI5によって最重要危険人物に指定されていたアンマンは、仮釈放の数日後に当該テロを実行しました。

２０２０年6月にはイギリスのレディングで、ビール を飲みながらピクニックを楽しんでいたゲイの集団を25歳のイスラム教徒難民ハイリー・サアダッラーが襲撃し、ナイフで首を切るなどして3人を殺害するテロ事件が発生しました。サアダッラーは、このテロ攻撃実行の17日前に刑務所から釈放されたばかりでした。

事件後ハイリーの兄弟はフェイスブックで、「ハイリーは自衛しただけだ」と擁護し、彼が逮捕されたのはイギリスが差別主義者の国だからだ、と強い言葉で罵りました。

こうしたテロの発生を受け、人々が「私たちがイスラム教を怖がったせいだ」などと反省することに、全く意味はありません。そもそもそれはテロの原因でもなんでもない上に、そんな反省をしてもテロはなくならないどころか「テロリストに優しい環境」が整備され、テロはますます増えることでしょう。

政治的武器としてのイスラモフォビア

イスラモフォビアという言葉は、イスラムにフォビア（嫌悪）を合わせた造語です。20世紀初頭にはすでに使用例が見られますが、政治的「武器」として積極的に用いられるようになったのは、2001年の米同時多発テロ以降のことです。

アメリカを拠点とするムスリム同胞団系組織「国際イスラム思想研究所（IIIT）」の元メンバーで、かつてモスクの導師でもあったアブドゥッラフマン・ムハンマドはイスラモフォビアについて、「この『嫌な言葉』は、批判者を叩きのめす目的で作り出された思考停止のための決まり文句以外の何物でもない」と述べ、同胞団系組織がイスラモフォビアを「武器」として積極的に使い始めた意図を示唆しました。

同胞団系組織は欧米に数多く存在し、テロ容疑で摘発された組織も複数あります。アメリカでは2001年12月、同胞団系の慈善団体「ホーリーランド財団（HLF）」がテロ組織指定され、2009年には設立者らに対し、イスラム過激派テロ組織ハマスに約1200万ドルの資金を提供した罪で有罪判決が下されました。

裁判の過程でＨＬＦの共謀者であると名指しされたのが、同じく同胞団系の「アメリカ・イスラム関係評議会（ＣＡＩＲ）」です。ＣＡＩＲは、アメリカにはイスラモフォビアが蔓延しイスラム教徒は不当に多くヘイト犯罪や差別の被害にあっている、と喧伝しているイスラム系ロビー団体です。

しかし、ＣＡＩＲの主張を鵜呑みにすることはできません。

ＦＢＩによると、２０１６年にアメリカ国内で発生した宗教を理由とするヘイト犯罪は１５３８件で、イスラム教徒を標的としたものが３８１件、ユダヤ教徒を標的としたものが８３４件です。２０１７年には１６７９件と増加しましたが、イスラム教徒を標的としたものは３１４件と減少し、ユダヤ教徒を標的としたものは９７６件と増加しました。

にもかかわらずＣＡＩＲはこの年、ＢＢＣの取材に対し、アメリカではイスラム教徒に対する偏見と憎悪が増加していると主張、イスラム教徒に対するヘイト犯罪は前年より50％増加したとコメントしました。

アメリカ国内における宗教を理由とするヘイト犯罪の標的として最も多いのは、２００１年以前も以降も一貫してユダヤ教徒です。アメリカで宗教を理由に最も多くヘイト犯罪の被害にあっているのは、イスラム教徒ではなくユダヤ教徒なのです。

中東研究者のダニエル・パイプスとシャロン・チャダは2005年、CAIRはイスラム教徒に対するヘイト犯罪は毎年激増中だと報告しているが、そこには捏造されたものが多く含まれていると指摘し、イスラム教徒の食料品店が放火されたのは店主による自作自演であった、イスラム教徒所有の車に放火された事例は2年にわたり重複して記録されていた、モスクそばに白人が爆弾を置き爆発した事件が発生した証拠はないなど、事実の一端を明らかにしました。

CAIRがヘイト犯罪を捏造してまでイスラム教徒が不当に差別されていると誇張し、イスラモフォビアを犯罪化すべきだと訴えるのは、被害者ポジションを先取りし「誰にも批判されない」特権を手に入れ、「世界のイスラム化」という同胞団の目標実現に貢献するためでしょう。

現代の欧米社会では、イスラム教徒という属性は「交差性(インターセクショナリティ)」概念においても重要な位置を占めます。

交差性とは、人種や民族、ジェンダー、宗教、国籍、性的指向、階級、障害といった差別や抑圧のモデルは互いに交差している、という考え方です。これは現実社会では、有色人種、女性、宗教的マイノリティ(特にイスラム教徒)、移民、性的マイノリティといった「被害者集団」に数多く属する人ほど、それらの「連動」により不公正な扱いを受けるため、社会正義の実現のためにはそういった人ほど優先されるべきだ（例えば黒人のイスラム教徒女性の意見は白人のキリスト教徒男性の意見よりも尊重されるが、黒人のイスラム教徒トランスジェンダーの意見よりは尊重されない）、というかたちで反映される傾向にあります。

交差性理論は、こうした被害者集団は互いに連帯し、異性愛者の白人男性といった「特権階級」の抑圧からの解放を目指し共闘すべきだと促し、アイデンティティ政治（人種やジェンダーなど特定のアイデンティティに基づく反差別的指向の政治活動）の理論的支柱にもなっています。これにより被害者であるイスラム教徒は、同じく被害者であるフェミニストや性的マイノリティと、互いに相反するイデオロギーを掲げているにもかかわらず、連帯することができるのです。

イスラム教を怖いと思っただけで犯罪認定

イスラモフォビアの犯罪化は、すでに国連でも提唱されています。

２０１２年には、イスラム諸国57カ国からなるイスラム協力機構（ＯＩＣ）が国連人権理事会で、イスラモフォビアは差別として認められるべきであり、法規制が必要だと呼びかけました。ＯＩＣを代表して演説したパキスタンのアクラム国連大使は、イスラム教を怖いと思うこと自体が規制されなければならないと主張しました。

イスラム教を怖いと思っただけでそれを犯罪と認定すべきであるという主張からは、イスラモフォビアを思想犯罪として認定する意図が窺われます。これが実現されれば、私たちの表現の自由、思想信条の自由が失われるだけでなく、治安上の大問題も引き起こしかねません。

2009年11月には、テキサスの米軍施設でイスラム教徒の陸軍医ニダル・マリク・ハサンが、「アッラーフ・アクバル（神は偉大なり）！」と叫びながら非武装の米兵13人を殺害するテロ事件が発生しました。かねてからハサンの名刺にはSOA（神の兵士、の意）と記されており、軍で「イスラム教徒は異教徒に対するジハードの義務がある」「あなたが『コーラン』を信じないならあなたの頭は切り落とされ火の中に投げ込まれることになる」「イスラム法は米憲法に優っている」とプレゼンテーションするなど、彼がジハードに強い共感を抱いていたことは上司も周囲の人々も知っていました。

2019年12月には、米軍で訓練を受けていたサウジ人将校がフロリダの米軍基地でテロを実行し3人を殺害しましたが、彼も数年前からジハードを奨励するイスラム教指導者の主張をリツイートしたり、友人を自宅に招いてイスラム過激派の大量虐殺のビデオを鑑賞したりするなど、思想の過激化やテロ実行の兆候が確認されていました。

仏のパリ警察本部内で2019年10月にテロを実行したイスラム教徒の警察職員も、数年前からイスラム過激派テロを支持する発言をしたり、西洋的な服装をやめ、女性と目を合わせたり話したりすることもやめるなど、思想の過激化やテロ実行の兆候が確認され、上司にも報告されていました。

こうした事例において、明らかな兆候があったにもかかわらずテロを未然に防ぐことができなかった背景には、特定のイスラム教徒を疑うことで、イスラモフォビアとレッテル貼りされることを恐れる「空気」があったことを否定することはできません。

実際にイスラム教やイスラム教徒を批判したことでイスラモフォビアの汚名を着せられ、差別主義者の烙印を押され、人生を台無しにされた人の例は数多くあります。

イスラム教徒移民が多いことで知られる英ブラッドフォード市の中学校長だったレイ・ハニーフォードは１９８４年、教育意欲に欠ける移民家庭の子供が多い学校では教育水準が著しく低下する、移民はイギリスに住む以上、英語を話しイギリスの文化を尊重すべきだとする論考を発表したところ、イスラム教徒であるブラッドフォード市長に差別主義者と非難され辞任に追い込まれました。ハニーフォードは、イスラム教徒の親が戒律に反するという理由で子供にスポーツやダンス、音楽などの授業に出席することを禁じたり、学校を休ませて母国に連れて帰ったりするといった「文化的慣習の違い」についても指摘し、それを行政が「多文化主義」や「政治的正しさ（ポリコレ）」を理由に黙認していることも批判していました。

イタリア人ジャーナリストで第二次世界大戦中に反ファシズム運動を行ったことで知られるオリアナ・ファラーチは2002年、ヨーロッパはヨーロッパの文化や価値を敵視し続けるイスラム教徒によって植民地化されつつあると批判する『怒りと誇り(*The Rage and the Pride*)』という本を出版したことにより、スイスのイスラム組織にイスラモフォビアと糾弾され、その動きはヨーロッパ全土に広まりました。アメリカに移住したファラーチは、移住しなければ告訴されていたと後に告白しています。

フランス人女優のブリジット・バルドーは自著『冥王星の広場(*Le carré de Pluton*)』や『沈黙の中の叫び(*Un cri dans le silence*)』でイスラム教徒による屠殺の残虐性を非難したり、「私の国フランスが再び外国人、特にイスラム教徒の過剰な人口に侵略されている」などと述べたりしたことを理由に何度も告訴され、イスラモフォビアなどの理由で合計5回の罰金刑判決を受けました。

イギリスのロンドンでは2017年6月、ロイ・ラーナーという男性が人々を攻撃する3人のイスラム教徒テロリストに立ち向かい、人々に「ロンドン橋のライオン」と称えられましたが、英当局は「イスラモフォビアの懸念がある」として彼を「監視すべき過激派」のリストに加え、「脱過激思想プログラム」を受けるよう命じました。ラーナーは「自分は断じてヘイト犯罪者などではない」と抗議しましたが、命令が覆ることはありませんでした。

イギリスで加速するイスラモフォビアへの法規制

イギリスでは、ムスリム同胞団系組織やそれと連携する左派政治家が中心となり、国内でイスラモフォビアを犯罪として法規制しようとする動きも加速化しています。

2019年5月には議員グループAPPGが、「イスラモフォビアは『イスラム教徒性(Muslimness)』の表明や『イスラム教徒性』と認識されるものに対する人種差別である」という定義を承認するよう政府に要請しました。ムスリム同胞団系組織「英国ムスリム評議会(MCB)」のサハル・ファイフィーは目以外を黒布で覆った姿でBBCに出演し、「何がイスラモフォビアにあたるのかわからない」というアンカーの質問に対して、「私のことを郵便ポストだと言ったらイスラモフォビアだ」と述べ、政府に定義の承認を迫りました。

APPGの趣意書には、メディアなどが「イスラム教徒をネガティブに描写すること」もイスラモフォビアだと記されており、これが承認されればイスラム教やイスラム教徒に関わる事件を批判的に論じたり報道したりすることは一切できなくなるだろう、という懸念が広まりました。

この活動に反対する動きもありました。イスラム教指導者を含む40人以上の専門家が、このイスラモフォビアの定義はイスラム過激派に対する合法的な批判をも封じ込め、かつての忌まわしい「冒瀆法」の復活や、表現の自由、報道の自由の制限につながる懸念もあるため承認すべきではない、という意見書を内相に提出したのです。

国家警察長官評議会のマーティン・ヒューイット議長も、イスラモフォビアという言葉は警察官の中に混乱を引き起こし、テロとの戦いを弱体化、無力化させ、合法的で自由な言論を封じ込めるためにも利用されるだろうと懸念を表明しました。

元ロンドン警察テロ対策司令部長リチャード・ウォルトンも、この定義が採用されれば警官、治安部隊員、検察官、裁判官、刑務官の全員に対してイスラモフォビアというレッテルが貼られ、テロリストはたやすくテロを実行することができるようになるだろうと警告しました。

英政府は、「イスラム教徒性」とは何なのか不明であり、そもそもイスラム教は宗教であってイスラム教徒という人種はない、といった理由でこの定義の承認を拒否しましたが、野党労働党とイスラム教徒であるロンドンのカーン市長はこれを承認しました。

MCBは2019年12月の英総選挙に際して「総選挙における在英イスラム教徒の展望」というマニフェストを公開し、その中で在英イスラム教徒の票は最大31議席を左右する、もしイスラム教徒に投票してほしければ各党はイスラモフォビア問題に取り組まなければならないと主張しました。イスラモフォビアはイギリスではすでに、政治的な「武器」として用いられているのです。

仏大統領を精神病扱い

フランスの政治学者ベルナール・ルジエ率いるソルボンヌ大学の研究者グループによる編書『イスラム主義に占領された領土（*Les territoires conquis de l'islamisme*）』では、イスラム主義者が実質的に支配する「領土」がフランス国内で拡大した理由の一つとして、人々がイスラモフォビアとレッテル貼りされることを極度に恐れてきた点が挙げられています。イスラム主義者は、モスクや休日に実施されるキャンプ、パンフレットなどを通して「不信仰は最大の罪」「不信仰者を憎め」「女は家に留まれ」「男の暴力は男を拒否する女によって誘発される」といったイデオロギーを広める一方、イスラモフォビアという概念を利用して、外部者がそれに疑念を抱いたり批判したりすることを封じ込めてきたとされます。イスラモフォビアという言葉の広まりに伴って、自由の国であるはずのフランスで非イスラム教徒のフランス人が萎縮し、自由が制限されると同時にイスラム主義者が勢力を拡大させたのです。

２０２０年10月からフランスでテロが相次いだのを受け、マクロン大統領がイスラム主義との戦いを改めて宣言すると、トルコのエルドアン大統領は「マクロンには精神的な治療が必要だ」とマクロンを精神病扱いし、パキスタンのカーン首相は「イスラモフォビアを助長する」と主張しました。

米英リベラル・メディアもこれに歩調を合わせるかの如く、こぞってマクロンを非難しました。米ワシントン・ポスト紙は、テロはイスラム教を侮辱した人に起因すると被害者を非難する一方で、イスラム教のイデオロギー的問題については不問に付し、AP通信はフランスの「世俗主義への異常な執着」と「残忍な植民地時代の過去」がテロ急増と関係していると示唆する「解説」記事を出しました。また米ニューヨーク・タイムズ紙は、マクロンの強硬策がイスラム教徒への差別を助長し、テロを促進するのではないかと疑問を呈しました。

これに対してはマクロン自身が、メディアはテロを正当化したいのかと抗議したのに加え、英フィナンシャル・タイムズ紙には「発言を誤って引用した」と抗議文を送り、記事を撤回させました。仏ル・モンド紙も、「フランスのジハード現象に対するアメリカの不可解な盲目」と題する意見文を掲載し、米メディアの論調を批判しました。

メディアはイスラム主義や過激派を批判する人をイスラモフォビアだと非難する一方、随所でイスラム過激派テロリストを賛美、擁護するのも憚りません。

2019年10月に「イスラム国」のカリフ・バグダーディーがアメリカの作戦によって殺害された際には、ワシントン・ポスト紙は彼を「厳格な宗教学者」と称賛、ブルームバーグは「無名のコーラン朗唱者からシリアとイラクを支配する主体の統治者へ」と彼の「出世」

ぶりを称え、英ザ・タイムズ紙は「有望なサッカー青年でありコーランを学ぶ学生だった」と彼の死を悼みました。

ニューヨーク・タイムズ紙は、２０２０年10月にフランス人教師がイスラム教徒に斬首された事件を当初、「フランス警察が男性を射殺、路上でのナイフ攻撃発生後」という見出しで、警察が犯人を射殺したのはあたかも警察の失態であるかの如く報じました。

第二章で論じたように、日本のリベラル知識人やメディアも、イスラム主義者や過激派を擁護したり賛美したりしてやみません。

リベラル知識人やメディアは欧米や資本主義、既存の秩序全てに戦いを挑むイスラム過激派を憧憬の目で見ているからこそ、過激派を批判し過激派対策を強化するマクロンのような人物に、イスラモフォビアのレッテルを貼って黙らせようとしているのです。

マクロンは過激派を含むイスラム主義者とそれ以外のイスラム教徒を注意深く区分し、前者だけを批判しています。それをイスラモフォビアと糾弾することは、フランスの法を遵守しジハードなど実行しない大多数の在仏イスラム教徒を過激派と一緒に束ねる、極めて危険な行為です。在仏イスラム教徒のアイデンティティを規定するのは、エルドアンでもカーンでもワシントン・ポスト紙でもニューヨーク・タイムズ紙でもなく、彼ら自身であるはずです。

日本でも広がる「イスラム教は怖い＝差別」の風潮

日本でも犯罪の加害者が外国人だった場合、加害者ではなく被害者が非難され、被害者の方に差別主義者のレッテルが貼られる、という事例がすでに確認されています。

タレントのつるの剛士が２０２０年9月、農水省の「家畜や農作物、トラクター等の機械の盗難被害が発生」しているという注意喚起のツイートを引用し、自分の畑からもパクチーを盗まれ、その人物を現行犯で捕まえたが「日本語わからないの一点張り」だったとツイートしました。

このツイートに対し、元新潟県知事の米山隆一が、「そのパクチーを取った人が外国人だとして豚泥棒が外国人と言う証拠はなく（略）、まるで外国人の犯罪かのように示唆するのは極めて差別的だと思います」と批判しました。ちょうどこの頃、北関東で家畜盗難が相次いでおり、先の農水省のツイートはそれらの事件に対する注意喚起だったわけですが、米山はその家畜盗難事件が頭をよぎったのか、つるのに対して全く無関係な豚の話を持ちだした挙句、差別だとレッテルを貼ったのです。

さらに映画評論家の町山智浩は「外国人は泥棒だと印象づけることになるツイートを拡散している」「外国人ヘイトを拡散するつるの剛士が賛美される日本でオリンピックが可能な

のでしょうか?」とツイート、これに対するつるのの「辛すぎて涙が出てきます。あまりにも酷すぎます」という返信に対しては、「これが『被害者しぐさ』というやつですね」と返信しました。

加えて、2019年にBBCの「100人の女性」に選ばれたフェミニスト活動家の石川優実も、「なんで自分の最初の発言が意図せず差別を煽ってしまったのに、被害者ぶってるの?」とツイートし、芸人のラサール石井も、「犯人の属性を影響力ある人間が『外国人』と書いたら差別を助長する。非難されているのはそこ」とツイートしました。

「犯人の属性の開示が差別を助長する」などという主張がまかり通るならば、事件報道は一切不可能となります。「差別だ!」と非難されることを恐れ、いつどこでどのような犯罪が発生したかが一切報じられず、あらゆる犯罪情報が隠蔽され、警察も犯罪者の取締りを躊躇する社会では、被害者救済は一切顧みられず、犯罪を「やったもの勝ち」という価値観が横行し、一般の人々が犯罪被害にあう危険性は急増することになるでしょう。

社会的地位を持ちメディアにも影響力のある諸氏が、外国人犯罪の被害にあったことを告発した人にこのような集中砲火を浴びせれば、その効果の大きさは看過できないものとなります。外国人を少しでも悪く言えば公の場で罵られ、差別主義者のレッテルを貼られ、人生が台無しにされる危険性すらあるという理解が広まれば、自分が被害にあったとしても泣き寝入りすることを選ぶ人が増え、外国人犯罪を告発する人はいなくなるでしょう。彼らの脅しに日本人の多くが屈すれば、日本の治安は間違いなく急速に悪化します。

「イスラム教を怖いと思うのはイスラモフォビアという差別なのだ」、という認識を広めようとする動きも確認されます。

２０１５年11月に新宿で開催された「東京大行進」というデモでは、主催者の「TOKYO NO HATE」なる組織が「イスラモフォビアに反対する」と訴えました。デモには日本共産党の池内さおり衆院議員や学生団体「SEALDs」のメンバーら２５００人が参加した、と「しんぶん赤旗」や「ハフポスト」が伝えています。

評論家の荻上チキは２０１６年９月放送のＴＢＳラジオ「荻上チキ・Session-22」において、「日本でもモスクに通っているというだけで個人情報を収集したり、ムスリムを特別視する傾向は、捜査機関にも浸透していると言えそうです」と日本でもすでにイスラモフォビアは蔓延しているという認識を示し、「米大統領選のトランプ候補など、ある種イスラモフォビアを利用することで、それまで弱かった右派的政党の人気を高めるような変化も起きていますよね」と述べました。

京都大学大学院生の山下泰幸は２０１９年、京都大学の紀要で「公安警察による『ムスリム・プロファイリング』問題が象徴するように、日本においても日々、『イスラーム―原理主義―テロ』連続体が言説的に構築されている。また、東南アジアなどムスリムの多く住む地域からの移民労働者が増加する中で、日本社会の同化主義的圧力を背景として、職場や近所づきあいなどにおけるコンフリクトが急激に顕在化する可能性は常に」あると述べました。

山下は2019年11月、「ファリード ヤス」なるアカウント名を使い、「現代日本においてイスラモフォビアを煽っている主要なアクター」は飯山陽だとツイートしました。山下はイスラモフォビアについて「研究」する一方で、私という特定の人間に公の場でイスラモフォビアのレッテル貼りをする「活動」をしているのです（詳細は第八章）。

イスラム研究者に「イスラム教を怖いと思うのは差別」「イスラム教徒は差別されたと感じるとテロを起こす」などと言われれば、多くの人がイスラム教は厄介な宗教だという認識を強め、イスラム教徒とは距離を置き、なるべく近づかないのが身のためだと考えるでしょう。すでに身近にイスラム教徒がいる人にとっては、こうした言葉は脅迫にすら聞こえる可能性があります。

大分県日出町ではイスラム教徒の土葬用墓地建設をめぐり、イスラム教徒と地元住民の間で対立が起こっていますが、早稲田大学の店田廣文名誉教授は2020年11月の日経新聞で、日本人の側が「イスラムの教えにかなった（土葬用）墓地建設を受け入れられるよう共生の努力を重ねてほしい」と述べていました。

「郷に入っては郷に従え」を共通認識とする日本人の多くは、なぜ日本人が一方的に譲らなければならないのかと違和感を覚えるでしょう。しかし少数派であるイスラム教徒の要求に応じることこそが社会正義の実現につながる、というのがポリコレの考え方であり、これに異議を唱える人間にはもれなく差別主義者のレッテルが貼られることとなります。

「イスラムは平和の宗教」と言いつつ、「イスラム教を怖いと思うのは差別」「土葬を認めないのは差別」「イスラム教徒は差別されたと感じるとテロを起こす」などと脅すイスラム研究者の主張は、彼らの意図とは裏腹に、一般の日本人にイスラム教に対する忌避感や不信感を植え付ける役割しか果たしていないと言えるでしょう。

イスラム・ファシズムとの闘い

「イスラム教を怖いと思うのは差別」ではありません。少なくとも私たちは、思想の自由、表現の自由の保障された日本に暮らしています。特定の宗教についていかなる感情を抱こうと、そのこと自体が差別だと非難されることはあってはなりません。

また仮に世界からイスラモフォビアが一掃されようと、イスラム過激派テロがなくなることはありません。なぜならそれは彼らにとっては、イスラム教による世界征服という普遍的目標実現のための崇高な義務の遂行だからです。

気に入らない相手にイスラモフォビアのレッテルを貼り、イスラモフォビアを差別として認定せよと主張する人々が目指しているのは、イスラム教だけが真理として確立され、それに反する思想、信条を抱く人間が全て処罰される、イスラム主義者の支配する全体主義の世界です。

２００５年にデンマークの新聞社が預言者ムハンマドの風刺画を掲載し、世界中のイスラム教徒がそれに反発して暴動を起こした際、仏の哲学者ベルナール＝アンリ・レヴィや、『悪魔の詩』を出版しイランに死刑判決を下された作家のサルマン・ラシュディ、『コーラン』の書き換えを呼びかけて冒瀆罪に問われバングラデシュから亡命した作家のタスリマ・ナスリンら12人が、「共に新たな全体主義に立ち向かおう」というマニフェストを発表しました。

そこには次のように記されています。

ファシズム、ナチズム、スターリン主義を克服した後、世界は今、新たな世界的全体主義の脅威、すなわちイスラム主義に直面している。我々作家、ジャーナリスト、知識人は、宗教的全体主義への抵抗と万人に対する自由、平等な機会、世俗的価値の推進を求める。（略）我々はイスラモフォビアと非難されることを恐れて、批判的な精神を放棄することを拒否する。これは宗教としてのイスラム教に対する批判と、それを信じる人々に汚名を着せることを混同する惨めな概念である。私たちはすべての大陸において、あらゆる虐待や教義に対して批判的な精神が存在できるよう、表現の自由の普遍性を擁護する。

イスラム教を怖いと思ったり、イスラム教の教義について批判的に議論したりすることと、イスラム教徒個人を差別することは全く別問題です。自由で民主的な社会において後者は許されませんが、前者は許されるべきです。前者が許されない社会はもはや自由で民主的な社会ではなく、イスラム主義に支配された全体主義社会です。

2020年9月には、かつてシャルリー・エブドを襲撃したアラビア半島アルカイダが再度同社を脅迫する声明を出したことを受け、ル・モンド紙、リベラシオン紙、フィガロ紙など100以上の仏メディアが「自由を守るために団結しよう」という公開書簡を出しました。同書簡にも、民主主義の最も基本的な価値の一つである表現の自由が宗教的な全体主義イデオロギーによって攻撃されている、表現の自由を血で贖ったシャルリー・エブドと連帯し、仏には冒瀆という罪は存在しないことを思い出そう、我々が冒瀆する権利を守るのは自由を守るためだ、とあります。

2020年10月にニースの教会で女性が斬首されるテロが発生すると、ニース市長は「もう十分だ。今こそフランスは我が国からイスラム・ファシズムを完全に一掃するために、平和の法と決別しなければならない」と述べました。仏ダルマナン内相も「フランスは国内外でイスラム主義というイデオロギーとの戦争状態にある」「イスラム主義はテロを通し、その文化的規範や生き方を押し付けようとしている」と述べ、イスラム主義について「21世紀のファシズム」である、とその脅威を強調しました。

かつてポリコレに配慮し、イスラム過激派テロを「イスラム過激派テロ」と呼ぶことすら避けてきたフランス人たちに、もはやその躊躇は見られません。彼らは今、亡国の危機に瀕しているという意識を持ち始めています。

私たちはイスラム研究者の主張するように、「イスラム教徒はみんな素晴らしい人たちだが、周囲の人々がイスラム教を怖いと思うと追い詰められてテロをする」などと認識するべきではありません。どんな人間であれ、ある人にとっては素晴らしい人でも別の人にとってはそうではないことがある、というのが真理です。イスラム教徒だけが、全ての人にとって皆押し並べて素晴らしいなどということは絶対にあり得ません。

イスラム研究者が声を揃えて、「私の知るイスラム教徒は皆こんなに素晴らしい、あなたがイスラム教を怖がるのはこうした素晴らしいイスラム教徒を知らないからだ」と主張していること自体、根本的におかしいのです。

イスラム教徒という集団に属していることが、イスラム教徒の全てではありません。彼ら一人ひとりが個々の思考、意志、感覚を持っています。私たちは個々のイスラム教徒を、イスラム教徒という集団の一員にすぎないと全体主義的にとらえることをやめ、個人として尊重すべきです。そしてそれを真っ先にやめなければならないのは、イスラム研究者です。

第八章　「飯山陽はヘイトを煽る差別主義者」か

日本のイスラム研究業界の不文律

日本のイスラム研究業界には、イスラム研究者は反体制的でかつイスラム好きのイスラム擁護論者でなければならないという不文律があります。さもなければポストや予算を握る業界の権力者に認められず、権力者に認められなければ業界でポストを得て生き残るのは非常に困難です。生き残るためにはひたすら権力者に忖度しなければならないのです。

これは深刻な問題です。なぜならこの業界では、業界のテーゼである「イスラームこそ解決」に対するいかなる異論も反論も認められていないからです。

学問の自由、言論の自由は、憲法で保障された基本的人権です。健全で実りある学問・研究は、それなしには存在しえません。だから日本のイスラム研究は不毛なのです。

日本各地の大学には、歴史、法、文化人類学、地域研究、国際情勢などの分野にイスラム教に関わる研究者が多数所属しています。彼らの多くは西洋近代に毒されていないイスラム教という理想的な包括的イデオロギーを知る専門家として、メディアやアカデミアに君臨し、地位や権威、利権を獲得してきました。その目的は体制の中に入り込みつつ、近代化を進め悪しきアメリカと同盟を組む日本の体制を批判し、日本が手本とすべきはイスラム教なのだというイデオロギーを広めることにあると思われます。

初めから目的が決まっているのですから、何を研究しても「イスラムは平和の宗教」などイスラム教を賛美するものしか出てきません。金太郎飴さながらの不毛さです。

彼らの多くにとってイスラム教は常に、自らの政治イデオロギーを投影するにふさわしい理想的な像を結んでいなければなりません。ゆえに彼らの中には、理想的イスラム像をわずかでも棄損する研究者に対し、自らの地位や権威を誇示してその言論を否定し、圧力をかけ、負のレッテルを貼り、執拗に人格攻撃をし、学問や言論の自由を奪い、社会的抹殺を図ろうとする者もいます。

「ニセ学者」のレッテル

筑波大学名誉教授の塩尻和子は２０１９年2月、東京大学東洋文化研究所で開催されたシンポジウムで「日本のイスラーモフォビア」と題した講演を行い、「日本も欧米に負けずイスラーモフォビアが蔓延している国の一つである」と指摘し、「声高に非論理的なイスラーム批判を繰り返すことで高い知名度を得ている識者」として池内恵を挙げ、次のように批判しました。

イスラーム政治思想の専門家である池内恵はキリスト教社会とイスラーム社会を比較して、キリスト教社会は普遍的な価値観をもっており寛容で平和的であり、イスラーム社会は後進的で野蛮であると主張する論客であるが、以下の発言でもイスラーモフォビアを煽っている。「西欧が自由と平等を掲げる以上、イスラム教にも様々な権利を与えるべきだと考える人は多いでしょう。では、そのイスラム教は西欧のような自由を認めているのでしょうか。イスラム社会で他の宗教を信じることが許されますか。イスラム教の教義が主張しているのは、正しい宗教、つまりイスラム教を信じる『自由』です。（朝日新聞、オピニオン＆フォーラム、２０１６年10月21日）」

そして塩尻は、西洋社会が自由で平等だというのは名目だけで実態は異なる、イスラームはたしかに多神教を禁じているが、異教徒が抑圧されているのはサウジアラビアやアフガニスタンだけであり他では排斥されていないなどと述べ、池内に反論しました。

しかしイスラム教が教義上、他宗教を信じる自由を認めないのは事実です。イスラム教は真の宗教、すなわちイスラム教に入信する自由は認めますが、それを棄てる自由や、「誤った宗教」に改宗する自由は認めません。研究者であればこれは常識です。

またサウジやアフガニスタンだけではなく、多くのイスラム諸国で異教徒が迫害されているのも事実です（詳細は第三章）。

池内は事実を指摘しているだけで「非論理的なイスラーム批判」などしてはいません。また私の知る限り、池内が「イスラーム社会は後進的で野蛮である」などと主張した事実もありません。池内が言ってもいないことを勝手に言ったことにしているとすれば、それは典型的な藁人形論法です。藁人形論法とは、相手の主張を自分に都合のいいように歪め、相手の主張そのものではなく自分で勝手に歪めた主張を攻撃することにより、あたかも論破したように装う論法のことです。

塩尻は同講演で続けて私について「イスラーム法の専門家と自称する飯山」と言及して、いきなり私に「ニセ学者」のレッテルを貼り、「飯山の著作のような、一面的で不正確な個人的な見解に基づいて、あたかも正確なイスラーム法の真実を明らかにするような宣伝文句を帯びて出版された著作が巷間、持て囃されるということには、危機感を持つべきであろう」と述べました。

塩尻は拙著『イスラム教の論理』（新潮新書、２０１８年）の帯にある八つの見出しのうち七つを取り上げて「扇情的」と評し、その一つひとつを批判しています。以下、塩尻の批判が根拠のない言いがかりであり、「一面的で不正確な個人的な見解」を述べているのは私ではなく塩尻であり、「扇情的」なのも塩尻の方であることを論証します。

論証❶「『イスラム国』のイスラム教解釈は間違っていない」について

塩尻和子は『イスラム教の論理』の「『イスラム国』のイスラム教解釈は間違っていない」という見出しに対し、「この著作は全体を通して、ムスリムの最大の義務は『ジハード』だとして、精神的修養を指す『大ジハード』には根拠がないと否定し、ムスリムはすべて世界征服を目指して戦闘的ジハードを行うために生きている、と断定している。これがこの著作の主要テーマでもある」と批判しています。

しかし私は、そのような断定をしたことはありません。これは明白な虚偽、捏造です。塩尻は拙著の内容を自分の都合に合わせてねじ曲げ、それを批判することによって私をニセ学者呼ばわりすることで、筑波大学名誉教授である自分の主張の方が正しいのは当然であるかのように装っています。これも典型的な藁人形論法であり、研究者としてあるまじき不正にして卑劣な詭弁です。

私は、「イスラム教にはジハードという教義がある」と指摘しただけです。このことは、イスラム教徒が全員ジハードを実行する、ということを全く意味しません。本書でも繰り返し述べているように、イスラム教の教義と個人としてのイスラム教徒を一体的に捉えるのは誤謬です。

また塩尻は「『大ジハード』の思想はスーフィズム（引用者注・イスラム神秘主義）によって発展したものである。しかも、イスラームの啓示に関する解釈にも、イスラーム法学にもその規定を考察する実定法にも、大本山制度のないイスラームでは無数の解釈があり、著者が主張する解釈は、ほんの一部に過ぎないことには触れていない」と述べていますが、スーフィズム思想とイスラム法を規範的に同価値として扱うこと自体が大きな誤りです。

イスラム教においてイスラム法が重要なのは、それが神の命令の体系であり、それに従うことによって信者は来世で救済される、というのがイスラム教の教義の中心だからです。

イスラム法の典拠は啓示です。しかし第一章で論じたように、大ジハードという概念には啓示的根拠がありません。つまり大ジハードには規範的価値がほとんどないのです。

「大本山」「無数の解釈」などそれらしいことを言えば一般人は簡単に騙せるかもしれませんが、私はイスラム法研究者です。古典イスラム法文献に大ジハードについての言及がないことも、大ジハードに言及したハディースが後代の捏造であることも、研究者の常識です。

塩尻はそれをどうしても認めないならば、イスラム法文献に記された無数のイスラム法学者の見解も先行研究も全て誤っていて、大ジハードに規範的価値がある旨を論証すべきです。議論においては、何かを主張した側にそれを論証する責任が課せられるのが基本ルールです。

論証❷「インターネットで増殖する『正しい』イスラム教徒」について

塩尻は「インターネットで増殖する『正しい』イスラム教徒」という見出しに対し、「現代では、インターネットに過激思想があふれていることは認められるが、何が『正しいのか』を決定する機関はイスラームにはなく、ネットの扇動にも過激な扇動から穏健なものまで、広範囲な意見があることを考慮していない。実に多種多様な広範囲な意見があることを考慮していない」と批判しています。

しかし多様な意見がある点も、イスラム教に権威機関がない旨も本書では指摘していますし、「多様な意見があることを考慮していない」から過激な意見があることを指摘するのは不当だ、というのは全く意味不明です。多様な意見の中には過激な意見も当然あるということを、塩尻は認めなければなりません。個人の「気持ち」で、事実をねじ曲げることはできないのです。

論証❸「人口増加でイスラム教徒を増やす『ベイビー・ジハード』」について

塩尻は「人口増加でイスラム教徒を増やす『ベイビー・ジハード』」という見出しに対し、「結婚をして子孫を育てることは義務とされているが、それをジハードと解釈するムスリムはどの程度いるのか、かなり無理な理論である。『産めよ増えよ地に満ちよ』は旧約の思想で一神教すべてに見られる神の命令」と批判しています。

しかし私は、子を多くなすことをジハードと考えるイスラム教徒もいると指摘しただけです。「そう解釈するムスリムはどの程度いるのか」と自ら問題を設定したかと思ったら、「かなり無理な理論」と勝手に否定的に結論づけるという塩尻の一人芝居は、詭弁の体すらなしていません。

また「一神教すべてに見られる」と相対化し論点をすり替えたところで、西洋諸国でイスラム教徒の多産がその国の人口構成を大きく変化させている事実も、トルコのエルドアン大統領が「西洋への報復のために、イスラム教徒移民は5人の子をなせ」と呼びかけ喝采を浴びた事実も、何一つ消し去ることはできません。

塩尻は旧約聖書を持ち出して本来の争点から注意を逸らせることにより、あたかも私との議論に勝利したかのように見せかけようとしていますが、これは単なる論点のすり替えです。

塩尻があくまでも「一神教すべてに見られる」と主張したいのであれば、多産こそが世界征服のための手段だと主張し、信者に対し多産を声高に呼びかけたキリスト教やユダヤ教の指導者の具体例と、キリスト教徒やユダヤ教徒が多産を実践し他国の人口構成を変化させた具体例を示す必要があります。立証責任は、それを主張した側が負うべきだからです。

論証❹「『地元のゴロツキ』が自爆テロに走るのは『洗脳されたから』ではない」について

塩尻は「『地元のゴロツキ』が自爆テロに走るのは『洗脳されたから』ではない」という見出しに対し、「来世思想は全ての一神教にあるもので、宗教に熱心ではない若者が天国信仰を信じるようになって、自爆や殉教に生きがいを見つける、という指摘は、あらゆる宗教に見られる教義であり、イスラームだけの現象ではない。殉教すれば天国で72人の花嫁を貰えるなどという言葉に誘惑されるという考えは、ムスリムの若者を侮蔑するものである」と批判しています。

これも論点のすり替えです。いくら他宗教を持ち出して相対化しようと、実際に数十万人ともされるイスラム教徒が過激派組織入りしている事実も、ジハードの名の下にテロを実行している事実も相殺することはできません。塩尻はあくまでも「あらゆる宗教に見られる教義」と主張するならば、イスラム教徒のテロばかりが突出して多い理由を説明し、かつイスラム教以外の宗教の信徒が殉教を目指して自爆テロを実行した具体例を示さなければなりません。

また「天国で72人の花嫁を貰える」というのは、単なる「言葉」ではなく「預言者ムハンマドの言葉（ハディース）」であり、イブン・マージャやティルミズィー、アフマド・ブン・ハンバルなどのハディース集に収められています。「世界で最も影響力のある500人のイスラム教徒」の一人に選ばれたこともあるレバノン出身のイスラム法学者ジブリール・ハッダードは、「信者は天国で何人の妻を持つことができるのか」という質問に対し、「ふつうの信者は2人、殉教者は72人」と回答しています。

「イスラム国」の報道官も2019年3月に公開した音声声明で、神はジハードで殉教した者を天国に入れ、72人の純血の乙女を与えてくださる、と述べました。こうしたメッセージがイスラム教徒の心に響くのは、それが『コーラン』やハディースに立脚しているからに他なりません。

ハディースは『コーラン』に次ぐ第二の啓示であり、イスラム教徒はそれを信じることが義務づけられています。「殉教すれば天国で72人の花嫁を貰えるなどという言葉に誘惑されるという考えは、ムスリムの若者を侮蔑するものである」という塩尻の発言こそが、啓示を信じるイスラム教徒を侮辱しているのです。日本のイスラム研究者はイスラム教を絶賛しているようでいて、実際はこのようにイスラム教の教義さえも自分の「気持ち」でねじ曲げているのです。

論証❺「娼婦は認めないが女奴隷とはセックスし放題」について

塩尻は「娼婦は認めないが女奴隷とはセックスし放題」という見出しに対し、「奴隷制度が実施されていた時代でも、神は奴隷には人間として扱うようにと命じている。（略）『セックスし放題』は禁止されていることでもある」と批判しています。

しかし私は、イスラム教の教義では女奴隷を性奴隷として持つことが認められている、という事実を示しただけです。これは『コーラン』第33章50節の「預言者よ、われがあなたの妻として許した者は、あなたが婚資を与えた妻たち、神があなたに捕虜として与えたあなたの右手の所有する者」などに由来する教義です。イブン・カスィールは同節について、「右手の所有する者」を「戦利品として得た女奴隷」と解釈しています。イスラム法上も「右手の所有する者」が女奴隷であることについて、法学者間に異論はありません。

一方、「セックスし放題」を禁じる教義の存在を私は知りません。『コーラン』第2章223節には、「女はあなたがたの耕作地。だからどうでも好きなように自分の畑に手をつけるがよい」とあります。神は男性に、妻や性奴隷と好きなだけ性交することを明示的に認めているのです。

性奴隷の是認も性交の奨励もイスラム法の正統な規範であるにもかかわらず、塩尻はここでも自分の「気持ち」でそれをねじ曲げようとしています。

塩尻がどうしても私の記述を否定したいのであれば、一度イスラム法のテキストを開いてじっくり読み、そこから証拠として「性奴隷とセックスし放題を禁じる規範」を見つけ、法源と合わせて提示した上で、古典イスラム法文献に記された性奴隷の是認についての規範とその法源である啓示の明文が全て虚偽であることを論証する責任を負うべきです。

論証❻「レイプの被害者は『姦通』でむち打ちされる」について

塩尻は「レイプの被害者は『姦通』でむち打ちされる」という見出しについて、「国や地域によっては正当な裁判が行われないところもあるが、多くの国や地域では、レイプでの被害が明らかであれば、姦通罪に問われることはない」と批判しています。

しかし「レイプの被害者が姦通罪に問われることはない国がある」という一般的事実は、「レイプ被害者が姦通罪でむち打ち刑に処される国がある」という事実を相殺しません。これは反論の体をなしていません。

論証❼「手首切断も石打ち刑も世論の大半が支持」について

塩尻は「手首切断も石打ち刑も世論の大半が支持」という見出しに対し、「ハッド刑は、前近代ではイスラーム圏で広く執行されていたが、近現代では近代的刑法との齟齬をきたすことが多く、サウジアラビア以外では、殆ど執行されていない」と批判しています。ハッド刑とは「窃盗に対しては手首切断」「既婚者の姦通に対しては石打ちによる死刑」などイスラム法上、特定の犯罪に対して科される刑罰が規定されている法定刑のことです。

しかし私は、ハッド刑施行を大半が支持しているという調査結果を示しただけです。また第六章で論じたように、むち打ち刑をはじめとする身体刑はサウジ以外でもイラン、ブルネイ、マレーシア、インドネシアのアチエ、パキスタン、アフガニスタン、スーダンなど多くのイスラム諸国で部分的に採用され、私刑のかたちで執行されたりもしています。

このように拙著に対する塩尻の批判は、その全てが根拠のない言いがかりであり、彼女の「気持ち」の発露にすぎず、客観的事実に立脚した学術的に正当とみなしうる批判は皆無です。これは「飯山陽の議論」に対する学術的批判ではなく「飯山陽という人間」に対する誹謗中傷です。

塩尻はこれまで自らの「気持ち」や「イスラームこそ解決」というイデオロギーに立脚してイスラム教を論じ、それに不都合な要素はねじ曲げ、隠蔽してきたのでしょう。しかも彼女は地位も権威もあるイスラム業界の重鎮ですし、業界の人は押し並べて皆彼女の同調者ですから、誰一人彼女の誤謬や論理の破綻を指摘する人もいなかったのでしょう。

イスラム研究業界が数十年間にわたって構築してきた理想的イスラム像を汚した飯山陽を貶めなければ気が済まない、という「気持ち」だけは十分に伝わってくるのですが、私に激昂し感情的に中傷したところで、一時的に彼女自身のストレスを発散させ、鬱憤を晴らす程度の効果しかないでしょう。なぜならインターネットが普及した今、塩尻の私に対する言いがかりが人口に膾炙する可能性はほとんどないからです。

塩尻の所業は権威を振りかざした威嚇です。私に対し、差別主義者で学問的にもいかがわしいというレッテルを貼ることで私の名誉を毀損し、研究者としての信頼性を損なわせ、私から学問の自由、表現の自由という基本的人権を奪おうとする言葉の暴力です。

インターネット上の誹謗中傷

私に対する誹謗中傷は、インターネット上でもさかんに行われています。

上智大学アジア文化研究所共同研究所員の田澤セバスチャーノ茂は2019年11月、私について、「専門家ぶる人間」「ところどころハッシュタグにヘイトを盛り込んでいる」「イスラモフォビアを招く」とツイッターに書き込み、数日後には改めて「指導教授に飯山陽には関わるなと言われた」「いやー、本当に指導教授が仰った通りエキセントリックでしたね」「飯山氏の著書を読んだ感想として、イスラム版『シオンの議定書』と言っても過言ではない」と書き込みました。

そして九州大学教授の南野森《しげる》が私について「日本におけるイスラム研究者はこれからますます需要があってしかしまだまだ人数も少ないだろうし東大文学部で博士号取ったひとなら、と期待し始めていただけに残念だ。はい一人消えたって感じ」とツイートすると、田澤は「某女性研究者と同じく池内先生のイスラーム研究もネオコン的でかつ極端なオリエンタリズムに則している感があるのでオススメはできないですね笑　僭越ながらイスラーム・中東研究では臼杵陽先生と小杉泰先生、板垣雄三先生等の研究をオススメいたします」と引用リツイートしました。

ところが私が、こうした誹謗中傷の数々についてその論拠を示すよう求めると、急に「貴殿の論を客観的に深く分析せず印象操作や感情等を優先させ批判をしたことについて、研究者としての自らの非礼さを痛感しており、心より深くお詫びを申し上げます」「卑怯者と言われても仕方ない」などとツイートし、アカウントを消去しました。しかし、しばらくすると新たなアカウントで再登場し、私がブロックした後も私のツイートを監視し、今も嫌がらせや誹謗中傷を執拗に続けています。

京都大学大学院生でイスラム教徒でもある「ファリード　ヤス」こと山下泰幸は２０１９年

11月、次のようにツイートしました。

私は、現代日本において、イスラモフォビア（ムスリムへの嫌悪）を煽っている主要なアクターは、上智大学の飯山陽さんだと思っています。近年の飯山さんの発言はあまりにも常軌を逸していて、学術的な裏付けがなく、ムスリムへの差別的な偏見をただ拡散していると思います。

さらに続けて、「彼女は人間の行動の社会科学的な分析能力に全く欠けていると思います」「飯山さんは『コーランに異教徒と闘えと書いてあるから、ムスリムは戦争をしたがっている』という種の発言を繰り返しています」「Twitterなどで飯山陽さんがおかしなことを言っているなと感じた時は、『彼女はイスラームの専門家だから…』などと気遅れ（ママ）せずに、みなさんどうか堂々と批判してください」などとツイートしました。

私がこれらのツイートを全て画像として保存した上で、これらの主張の論拠を具体的に示すよう求めたところ、山下は「これら（引用者注・飯山の言論）の多くは、学術的な形式を以て慎重に批判する必要があるような水準ですらなく、単なる差別的偏見の拡散としか思えません」とはぐらかしたり、「（引用者注・そのように）主張したつもりはないので回答しません」としらを切ったりしました。

「学術的な形式を以て慎重に批判する必要があるような水準ですらない」というのは、議論において論破され反論できなくなり、自らが明らかに敗者だと認識した者の虚勢の言です。思いがけず私に証拠の提示を求められた山下は、都合が悪くなったので虚勢を張ることではぐらかし、自身の負けがはっきりしないように装ったのでしょう。

東京大学の大学院生である大渕久志は2020年1月、「飯山さんおかしくなっちゃったな。ネトウヨ方向に。イスラム学研究室の品位を貶めるからほんとやめてほしい」「何かしらズバッと言えば注目されるってのを覚えちゃったんだろうなあ。実際、本も売れてキャッキャしてるんだろう。見てて哀れだ」とツイートしました。

匿名で中東やイスラム研究に関わっていることをほのめかしつつ、私を誹謗中傷する書き込みに至っては、数え切れないほど存在します。若手研究者が口を揃えて私を誹謗中傷している事実自体が、今もイスラム研究業界では見解の多様性は許容されず、反体制的イスラム擁護論者しか存続することができないという実態を露呈させています。

私を誹謗中傷するのはイスラム研究者に限りません。

イスラム教徒のジャーナリスト常岡浩介は、2019年初旬から延々とツイッターで「常識やモラルや教養の欠如」「無教養丸出し」「デマや誹謗中傷を繰り返す」など私を罵倒する投稿をし続け、私がブロックした後もログアウトした状態で私のツイートを監視していると公言しています。

元新潟県知事の米山隆一は2019年11月、中田考が私を批判したツイートを引用し「僕もムスリムの知人が数人いますが中田氏が正しいと思います。（略）飯山氏の様にしたり顔で一般受けする誇張された悪意を広げるのは専門家を名乗る者としてどうかと思います」とツイートしました。ツイッター上で執拗な中傷を続ける米山を私がブロックした後も、別アカウントを使って私のツイートを見続けていると公言し、さらにそれは「普通」のことだと開き直り、「論者の資格などゼロ」「事実無根で名誉毀損をする人」など誹謗中傷を続けています。

金沢大学教授の仲正《なかまさ》昌樹は2020年4月、明月堂書店ブログ「月刊極北」で私について「この女は一般教養の授業は軽視して、まともに受講していなかったかもしれない」「この女は研究者としての資質がない」「ネットウヨクの活動家」などと述べました。これは誹謗中傷であるだけでなく、あからさまな性差別です。

これらの人々はみな極めて感情的です。彼らに共通する特徴は、私を人格攻撃して罵倒し、私に種々の汚名を着せ負のレッテルを貼る一方、その具体的な根拠、論拠については一切提示しない点です。要するに彼らは、「飯山陽の議論」の妥当性を問う代わりに「飯山陽という人間」を否定することで、飯山陽という人間もろともその議論も葬り去ろうとしているのです。

彼らはそうすることにより、人々に「飯山陽の議論」のいかがわしさを印象づけるだけでなく、イスラム教を少しでも批判するようなことを言えば飯山陽のように総攻撃を受け、社会的に抹殺されることになるぞと人々に恐怖を与え、威嚇しているのです。彼らは私を攻撃することによって、日本の物言わぬ多数派（サイレント・マジョリティー）をも萎縮させ、イスラム教については誰一人決して批判の声を上げない社会を作り上げようとしているのでしょう。

差別主義者と呼ばれ非難されるべきは、私ではなく彼らの方です。存在しないところに差別を作り出し、大声を上げることで異論を述べる他者を黙らせ、社会に不和や分断を生み出しているのは、私ではなく彼らです。

彼らの手法は世界のイスラム化を目指し、イスラム教に批判的な人物に次々とイスラモフォビアの汚名を着せ、社会的に抹殺しようと活動しているアメリカ・イスラム関係評議会（CAIR）などのイスラム組織の手法そのものです。

アメリカ・イスラム関係評議会（CAIR）の手口

現在アメリカで最も強い政治力を持つとされるイスラム系ロビー団体であるCAIRは、イスラム過激派テロ組織ハマスのフロント組織であるパレスチナ・イスラム協会（IAP）の系列組織として1994年に設立されました。

設立者であるオマル・アフマドは1998年、「イスラム教はアメリカにおいて、他の宗教と同等のものではなく支配的なものとなるべきだ。『コーラン』がアメリカの最高権威となり、イスラムが世界における唯一の宗教となるべきだ」と演説しました。常務理事であるニハド・アワドは1994年、「私はパレスチナ自治政府よりもハマスを支持している」と演説しました。

CAIRは2011年に公開したリポートで、イスラモフォビアを「イスラム教やイスラム教徒に対する偏見や嫌悪」と定義し、イスラム教に批判的な研究者や政治家らに次々とイスラモフォビアの汚名を着せました。

中東研究者ダニエル・パイプスは「アメリカにおけるイスラモフォビアの祖」、著述家のロバート・スペンサーは「インテリ化したイスラモフォビア」、レーガン政権で国防副次官補を務めたフランク・ガフニーは「狂信的偏屈者」、共和党元下院議員で下院議長を2期務めたニュート・ギングリッチは「イスラモフォビアの物語の消費者」、ジャーナリストのスティーブン・エマーソンは「反イスラム教徒のプロパガンダの口利き」、作家のブリジット・ガブリエルは「イスラム教徒を非人間化する努力を隠そうとしない」といった調子です。

ＣＡＩＲのこの手口は、自分たちに恭順の姿勢を示さない敵対者に差別主義者のレッテルを貼ることにより口封じを図る左派政治家や活動家の手口と共通しており、今では左派もイスラモフォビアというレッテルを積極的に用いています。イスラモフォビアは彼らにとって、敵に汚名を着せることによって黙らせ、吊し上げ、社会的に抹殺し、一般の人々に対し「我々に敵対するとこうなるぞ」と威嚇するための最新の「武器」なのです。

日本のイスラム研究者が本当に守りたいもの

私にヘイト犯罪者や差別主義者のレッテルを貼る人は他にも数多くおり、ＳＮＳ上で私をナチス呼ばわりする人すらいますが、いずれも根拠のない言いがかりです。ですから私は彼らのウソと企みを暴き、丸裸にし、いかにそれが日本と日本人にとって危険かつ有害であるかを告発し続けます。これは彼らのイデオロギーに恭順しない個人から自由を奪おうとする全体主義者との戦いですから、日本の現在と未来のためにも、私は彼らの脅しに屈して口を閉ざしたり、筆を折ったり、研究を諦めたりするわけにはいかないのです。

私はイスラム教という宗教の教義、イデオロギーについて客観的に論じ、そこには暴力を奨励する要素が確かにあると指摘してはいますが、だからイスラム教徒は全員暴力的で、全員テロリストだなどという暴論を唱えたことは一度たりともありません。「飯山陽がイスラム教徒は全員テロリストだと言っている」という主旨の言説は、塩尻や山下らが私を差別主義者に仕立てるためにでっち上げたウソです。こうして差別を捏造する彼らこそ、真の差別主義者です。

イスラム教は啓示を絶対視する宗教であり、信者には啓示の信憑性を疑うことは許されません。ですからイスラム教が世界征服を目標としていることも、そのためのジハードを義務としていることも、信者は誰一人否定することはできません。しかしほとんどの信者は、実際に武器をとって異教徒を殺したりはしません。

私たちが理解すべきは、その事実です。今を生きるイスラム教徒の中には、イスラム教を絶対真理と信じつつも、世界にはイスラム教以外の宗教や価値を信じる人がいて、世界は概ね近代的価値を主軸とする秩序で成り立っているという現実を受け入れ、イスラム的価値と折り合いをつけて暮らしている人が多くいます。

私たちが手を組み、協力していくべきは、こうしたイスラム教徒です。こうしたイスラム教徒と協力し、イスラム教による世界征服を目指し武器をとるより、本当の意味での文字通り平和的な他者との共存をよしとするイスラム教徒が増えるよう、尽力すべきなのです。

日本のイスラム研究者のように「イスラムは平和の宗教」で、イスラム教こそ近代に取って代わるにふさわしい理想的イデオロギーなのだと喧伝することは、世界のイスラム化を目指すイスラム主義陣営に与する行為です。

イスラム研究者が私にヘイトのレッテルを貼り執拗に攻撃するのはおそらく、私利私欲のためです。彼らの主張をよく読めば、彼らがイスラム教を擁護しているようでいてイスラム教についての正確な知識に欠けていたり、自分のイデオロギーに都合のいいようにイスラム教の教義をねじ曲げていたり、イスラム教徒の味方をしているようでイスラム教徒を見下していたりすることが明白となります。それはおそらく、彼らが本当に守りたいのはイスラム教でもイスラム教徒でもなく、自らの地位や権威、既得権益だからです。

終章　イスラム教を正しく理解するために

誤った固定観念が生む問題

本書はこれまで、イスラム研究者によって広められてきたイスラム教についてのウソを暴き、イスラム教の真相を客観的事実に基づき明らかにしてきました。

彼らが流布してきた「イスラムは平和の宗教」をはじめとする数々の言説は、すべて概ねウソです。そして残念なことにこれらのウソは、私たちの思考を停止させるマジックワードとして実に効果的に機能してきました。

私たちはこれまで、なぜイスラム諸国ではテロや紛争、人権侵害が絶えないのかと疑問に思っても、「イスラムは平和の宗教」と刷り込まれているため、そこから先に思考を進めることができませんでした。なぜテロリストはイスラム教徒ばかりなのかと疑問に思っても、「ほとんどのイスラム教徒は穏健派」「イスラム教とテロは無関係」と刷り込まれているため、思考はそこで停止したまま終わっていました。テロや紛争、人権侵害をイスラム教と結びつけて考えることは差別であり、道徳的な悪だと刷り込まれてきたからです。イスラム教に関わるあらゆる問題が、ほとんどの日本人にとってモヤモヤとしたものであり続けてきた原因はここにあります。

これらのウソはすべて、日本もアメリカも近代も資本主義も全部ダメでこれからはイスラム教の時代だ、イスラム教こそが世界を救うのだと私たちに思い込ませるために、テレビや新聞、本、教科書、学校の授業などを通し、長年にわたって私たちに刷り込まれてきたものです。

長い時間かけて刷り込まれ、固定観念のようになって定着してしまった考えから脱却するのは、容易ではありません。しかも人間というのは一般に、論理によって説得されることを好みません。「イスラムは平和の宗教」「ほとんどのイスラム教徒は穏健派」など「気持ち」に訴えられれば、私たちはイスラム教徒という他者を寛大に扱うことで優越感を得ることすらできます。しかし理詰めで「イスラムは平和の宗教ではない」などと説得されると、では今まで自分が信じてきたものは何だったのかと精神的な敗北感を覚え、怒りを感じる可能性すらあります。

しかしイスラム教についての誤った固定観念は、すでに日本で様々な問題や不利益を生み出しています。

在日イスラム教徒は現在23万人ほどとされますが、その数はこの10年で急増しており、イスラム教徒住民の増えた自治体ではすでに学校給食や授業内容、近所付き合い、土葬のための墓地などをめぐり数々の問題が発生しています。

世界日報の運営するニュースサイト「View point」は2020年9月、東京の代々木上原にあるモスク「東京ジャーミー」がコロナウイルス問題の収束前に金曜日の集団礼拝を再開したことで、「近隣住民の誤解による批判や嫌がらせ」が起きていると伝えています。

大分県日出町では、土葬のためのイスラム墓地建設を急ぐ在日イスラム教徒と、墓地の下方にあるため池に不衛生な水が流れ込み農業や畜産業に影響することを懸念し墓地建設に反対する住民との間で、対立が発生しています。

海外の諸問題が日本国内に持ち込まれるケースも増えています。2015年10月にはトルコ大使館前でトルコ人とクルド人の乱闘事件が発生、2020年4月には名古屋の在日トルコ人が、トルコでテロ組織指定されているギュレン派の運営する学校の前で、「ギュレン派はテロリストだ！」などとデモを実施しました。

2020年10月にはフランスのマクロン大統領が「我々は風刺画を諦めない」と述べ表現の自由を守ると宣言したことに対し、約300人の在日イスラム教徒がフランス大使館近くに集結して「マクロンよ、恥を知れ！」などと怒声を上げました。

日本には、過激思想を持つイスラム教徒も容易に入国することができます。イギリスやカナダで入国禁止とされているイスラム過激派説教師ザーキル・ナイクは2015年に来日し、東京大学や同志社大学、九州大学などで「イスラムは平和の宗教」云々と講演、数名の日本人をその場でイスラム教に改宗させました。なおカナダでナイクの入国を禁じるよう働きかけたのは、第六章で「本当の穏健派」として紹介したターレク・ファタフです。

日本にはイスラム過激派が活動する「余地」もあります。立命館アジア太平洋大学に留学するために来日し、日本人女性と結婚して日本国籍を獲得し、立命館大学准教授にまでなったバングラデシュ出身のモハメド・サイフラ・オザキは、日本でイスラム教に改宗して過激化し、日本にいながらにして「イスラム国」バングラデシュ支部の指導者として数々のテロ攻撃を指揮し、のちシリアで「イスラム国」に合流し有志連合軍に拘束されました。

日本では中田考のようなイスラム教徒が暴力的ジハードを肯定し、カリフ制再興のための活動をしていることも何ら問題視されず、それどころかイスラム研究業界やメディア、リベラル知識人は彼を偉人、イスラム研究の権威だと称賛し、彼に異議を唱える人は誰一人いません。私が『イスラームの論理と倫理』で中田考の主張の矛盾や詭弁を指摘したのは、この現状を危惧したからです。

日本国外でイスラム過激派により殺害された日本人は、すでに多くいます。テロリストに対し、「自分は日本人だから撃たないでくれ」と申し出て殺害された日本人もいます。

日本人はイスラム教やそれを信じる信徒に対してあまりにもナイーブ、かつ無防備です。「イスラムは平和の宗教」をはじめとするウソの呪縛から脱却し、客観的事実に基づく現実的な態度でイスラム教問題に取り組まない限り、今後事態はますます深刻化するでしょう。しかしその呪縛から解き放たれさえすれば、積年のモヤモヤは払拭され、何をどう理解し、どう対応すべきかが見えてくるはずです。

イスラム的価値観は近代的価値観とは異なる

私たちが第一に理解すべきは、イスラム的価値観は、全ての人間に等しく自由や権利を認めるべきだとする近代的価値観とは全く異なるという事実です。私たちがイスラム研究者のウソに騙され、イスラム教を受け入れれば私たちの問題は全部すっかり解決され、理想的な世の中が実現されるなどと信じ込み、イスラム教を受け入れた後になって初めて、自由や人権を失ってしまったと気づいたのでは遅いのです。

第二に理解すべきは、イスラム教は世界征服を目指す政治イデオロギーであり、そのための行動を促すイスラム主義の蔓延を許すと亡国の危機に陥る可能性があるという点です。

日本人は概して、「郷に入っては郷に従え」という考えをよしとします。ところがイスラム主義者は、移住先の国や地域をイスラム化することを目指します。イスラム教徒移民を多く受け入れた西欧諸国でイスラム化が進んだのは、彼らの多くがイスラム的価値に従い続けることを選択し、リベラル勢力がそれを擁護し、ポリコレを重んじる諸国がそれを容認したからです。

実はイスラム諸国には、これを批判する指導者も存在します。２０１８年11月にエジプトで開催された世界若者フォーラムで、ＥＵがイスラム教徒移民への門戸を閉ざしつつあることをどう思うかと質問されたエジプトのシシ大統領は、次のように答えました。

なぜＥＵが我々への門戸を閉ざすのかと問うのではなく、なぜアフガニスタンの人々は自分の国を大切にしないのかと問うべきだ。なぜ彼らは40年間も殺し合いを続けているのか。（略）あなた方はヨーロッパに行きたいと言いつつ、「我々のやり方を認めろ、それが人権だ」と要求する。あなた方は自分たちの文化について妥協できないとも言う。だがもしあなた方が他国に行くなら、あなた方はその国の法律、習慣、伝統、文化に従わなければならない。そのつもりがないなら行くべきではない。行っても問題を引き起こすだけだからだ。

ムスリム世界連盟事務局長でサウジのムハンマド皇太子の宗教顧問でもあるムハンマド・イーサーも2020年11月、「どの国に住む者もその国の法を遵守しなければならない、さもなければ立ち去るべきだ」と述べました。要するにシシやイーサーは「郷に入っては郷に従え」と主張し、非イスラム諸国のイスラム化を図るイスラム主義を戒めているのです。

日本でもすでに、地元住民と在日イスラム教徒との間で価値や文化の対立する問題が発生しています。そしてイスラム研究者やメディアは日本人に対し、イスラム教徒に譲歩せよ、イスラム的価値、文化を受け入れよと迫り、そうしない日本人は不寛容だと示唆したり、「イスラム教徒は疎外されたと感じるとテロをする」と脅したりしています。

しかし日本には日本の法があり文化がある、日本に暮らす以上それを遵守しなければならない、と言わなければならない場面もあるはずです。イスラム教徒の「気持ち」やそれを大袈裟に書き立てるメディアの圧力に屈し、あるいは「配慮」し、次々と彼らの要求を受け入れるならば、日本は瞬く間に「第二のヨーロッパ」となるでしょう。

イスラム教は豚食を禁じるので豚肉販売も豚肉を出す飲食店も不快だ、給食には豚肉を使うなと言われたら、私たちは豚食文化を捨てるのでしょうか。イスラム教は飲酒を禁じるので飲食店や酒屋に酒が存在すること自体が我々の気持ちを傷つけると言われたら、私たちは飲酒文化も捨てるのでしょうか。

我々イスラム教徒の目に髪や体を覆い隠していない女は売春婦や奴隷女と映り、欲望をかき立てられるので不快だと言われたら、日本人女性はヒジャーブと長衣を纏わなければならないのでしょうか。一人で外を歩く女は売春婦にしか見えないと言われたら、女性の一人歩きは禁じられるのでしょうか。

我々イスラム教徒は、9歳の少女は性交可能であり女の結婚は早いほどよいと信じているので、日本の法が女性の結婚最低年齢を16歳（民法改正により2022年4月からは18歳）と定めているのは信教の自由に反すると言われたら、9歳の少女の結婚を認めるのでしょうか。

イスラム教は男女の混交を禁じるので、店も学校も職場も全て男女別にしなければ安心できないと言われたら、その要請に従うのでしょうか。イスラム教は同性愛行為を禁じるので同性愛者の存在を認めることはできないと言われたら、同性愛者を根こそぎ逮捕し、彼らの存在自体を禁じるのでしょうか。

イスラム教は音楽や絵画を禁じるので、我々の子供が通う公立学校にそうした授業があるのは不当だと言われたら、カリキュラムを変えるのでしょうか。日本で教えられている歴史や生物の授業内容は我々の信仰と矛盾していると抗議されたら、全て修正するのでしょうか。

我々の集団礼拝の日である金曜日に仕事や学校があるのは差別だと言われたら、休日を金曜日に変更するのでしょうか。

あなたたち日本人がイスラム教徒ではないこと自体がそもそも神の命令に反していると言われたら、私たちは全員イスラム教に改宗するのでしょうか？

これは決して笑い話でも誇張でもありません。イスラム主義はテロの実行だけではなく、ポリコレを利用し、このようなやり方で世界をイスラム化しようとするイデオロギーでもあり、イスラム主義の浸透を許した西欧では実際にイスラム化が進行しているのです。

イスラム主義の台頭を許した西欧の「罪悪感」

フランスの元国家教育監察官であるジャン＝ピエール・オバンは『イスラム主義はいかにして学校への浸透を許されたか（*Comment on a laissé l'islamisme pénétrer l'école*）』で、公立学校は今や給食、授業内容、遠足の行先に至るまでイスラム的価値に従わざるを得なくなり、教師もイスラム教徒の生徒や親との対立を避けるため、授業内容を「自己検閲」するようになったと実態を詳《つまび》らかにし、これは行政が学校におけるイスラム主義の台頭を20年以上黙認してきた結果だと批判しました。

２０２０年10月にはフランスのジャン＝ミシェル・ブランケール国民教育相が、「いわゆるイスラム左翼主義」が社会に浸透しすぎている、我々はテロリズムと知的共犯関係にあるものには十分に注意を払わなければならないと警告し、フランスの哲学者パスカル・ブリュクネールやマルセル・ゴーシェ、「フランス国立科学研究センター（ＣＮＲＳ）」の研究部長でもあるピエール＝アンドレ・タギエフ、政治学者のベルナール・ルジエ、ジル・ケペルらがこれを支持する「１００人のマニフェスト」を発表しました。彼らは、イスラム主義の脅威を否定するのをやめ、白人とフランスに対する憎悪を煽る人種主義や反植民地主義といったイデオロギーから、世俗主義と表現の自由を守らねばならないと宣言しました。

男女平等や公正な競争、正義と慈悲を重んじる自由で独立したキリスト教国家コミュニティであるヨーロッパを今攻撃しているのは、戦争でも自然災害でもなく大量移民だ、それは人道主義のふりをした領土侵略だと２０１６年３月に演説したのは、ハンガリーのオルバン首相です。

ダグラス・マレーは『西洋の自死』で、ハンガリーやスロバキアなどの東欧諸国が「我々の国を変えてしまうイスラム教徒移民は受け入れない」と断固拒否することができるのは、東欧は西欧のような「罪悪感」を抱えていないからだろうと指摘しました。

帝国主義、植民地主義、ファシズム、人種差別といった過去の罪に対するヨーロッパの罪悪感がヨーロッパの創造性を窒息させ、自信を破壊したと指摘したのは既出の哲学者ブリュクネールです。「世界のあらゆる悪はヨーロッパのせいだ」という非難をマゾヒスティックに受容するのをやめてこの罪悪感から脱却し、ヨーロッパの自由を破壊するイスラム主義者に協力するのをやめなければ、ヨーロッパの未来はないと彼は論じます。

イスラム教徒は我々ヨーロッパ人の被害者なのだ、彼らを支配し抑圧してきた我々は彼らに償いをしなければならないという西欧のこの罪悪感が、イスラム教徒移民・難民をひたすら受け入れ、彼らには平身低頭尽くさねばならないという使命感、さらには彼らがテロや犯罪を起こしても大目に見なければならないという諦観を導いてきた可能性は否めません。

しかしいくらイスラム教徒移民を大量に受け入れ、彼らの要求に応じ、彼らの犯罪を大目に見ようと、贖罪が終わる日は決してやってきません。ヨーロッパ社会が「進歩」し、多様性のある社会、多文化共生社会が実現されることもありません。イスラム教徒への「過度な寛容」は社会を破壊し、社会のイスラム化を招くだけです。

ポリコレと多文化主義の見直し

第三に理解すべきは、イスラム教という宗教の教義と個人としてのイスラム教徒を一体的に考えるのは誤りであるという点です。イスラム教に暴力的な教義があることを指摘することは、あらゆるイスラム教徒は暴力的であると決めつけることとは全く異なります。このような論点ずらしは、イスラム教についての批判的言論を封じ込め、イスラム教による世界征服への地ならしをしようとするイスラム主義者やイスラム研究者の詐術です。

実際イスラム教徒のほとんどは、イスラム教の教義のすべてを実践しているわけではありません。彼らのほとんどはジハードの教義の真正性を信じてはいても、武器を手に取り異教徒を攻撃するというかたちでそれを実践したりはしません。つまりイスラム教徒のほとんどは、イスラム主義者ではないのです。

しかもほとんどのイスラム諸国では、ジハードを扇動したりカリフ制再興を呼びかけたりするイスラム主義者は当局に拘束されます。

日本や欧米のイスラム研究者やリベラル知識人が、イスラム諸国で禁じられているジハードやカリフ制再興を擁護し、テロリストを称賛するのは、ポリコレを利用しているからです。

ポリコレを利用し、弱者でありマイノリティであるイスラム教徒は植民地主義と帝国主義の被害者だ、社会正義実現のためには彼らの信教の自由と権利が優先的に保障されねばならないと主張すれば、ジハードやカリフ制再興の奨励も自由や文化相対主義の名の下に許容されます。イスラム教のイデオロギー的問題を指摘したり、イスラム教徒の犯罪を批判したりする人に差別主義者、イスラモフォビアのレッテルを貼れば、批判を封じ込め、その人を社会的に抹殺するのも容易です。

ジハードやカリフ制再興というイデオロギーは、伝統文化や社会制度の破壊に顕著に「寄与」します。彼らが「社会の被害者」と位置づけるテロリストは、彼らが「社会を支配する特権階級」とみなして憎む人々に鉄槌を下します。だから伝統文化や既存の制度を破壊し、特権階級を滅ぼし、革命を実現させたいと希求する人々は、テロリストを擁護するのです。

ヨーロッパはポリコレを追求するがゆえに急進的イスラム過激派の台頭を許した、このままではヨーロッパからより過激なテロリストが出現するだろうと２０１７年に警告したのは、ＵＡＥのアブドラ外相（当時）です。彼をはじめとするイスラム諸国の当局者はみな、イスラム過激派がポリコレを利用して欧米諸国で勢力を拡大していること、及びその甚大な危険性を熟知しています。

ヨーロッパ諸国がようやくポリコレの呪縛から脱しイスラム主義と戦う姿勢を示し始めたのは、イスラム過激派による斬首など残虐なテロ事件が続いた２０２０年終盤になってからのことです。既出の「１００人のマニフェスト」でフランスの知識人たちは、ポリコレは共産主義イデオロギーや「恐怖」とならぶ「真の脅威」だと述べました。

ポリコレと多文化主義は、キリスト教的価値を破壊するための文化的マルクス主義の策略だという指摘は、これまで「陰謀論」だと切り捨てられてきましたが、ヨーロッパの認識は今、急速に変わりつつあります。

弱者やマイノリティの保護、差別の是正というポリコレの主旨は、それ自体は誰も否定することのできない正義です。しかしそれをあらゆる原則に優先させると、社会や国家の崩壊につながりかねない事態を引き起こすという現実を、私たちはすでに目撃しています。

日本も現実から目を逸らして「イスラムは平和の宗教」などというイスラム研究者のウソを信じ、ポリコレに徹し、テロリストを擁護し、悪いのはイスラム教について無知な自分たちの方だなどと勘違いすれば、簡単にヨーロッパのような惨状に陥るでしょう。

イスラム諸国で進む人権擁護

第四に理解すべきは、近年、イスラム教と近代の価値観の矛盾に起因する問題については、改善の兆しが見られるという事実です。

すでに、女性や異教徒に対する差別や暴力の問題に取り組み始めている国もあります。

サウジのムハンマド皇太子は2017年10月、「私たちは宗教と伝統が寛容につながるような普通の生活を望んでいる。世界と共存し、世界の発展の一部となるために」と述べ、過激なイデオロギーを廃して穏健なイスラム教に立ち返ると宣言しました。2019年にはサウジのメッカに139カ国から1200人以上のイスラム学者、指導者が集まり、過激主義やヘイト、人権侵害と戦うことを世界に呼びかける「メッカ憲章」を採択しました。

2018年6月には女性の運転が解禁され、8月には女性が男性後見人の許可なく海外旅行することが認められ、2019年12月には飲食店の男女別の入り口が廃止され、2020

年11月には女性に対する肉体的、精神的、性的暴力に懲役刑や罰金刑が科される旨が発表されました。世界銀行は2019年、サウジを世界で最も女性の経済参加のための環境が改善された国に選出しました。

チュニジア議会は2017年7月、性暴力の加害者が被害者女性と結婚した場合に処罰を免れることのできる法を廃止し、被害者女性保護を強化する法案を可決しました。

エジプトのシシ大統領は2019年3月、女性に対するあらゆる暴力と戦うと宣言し、エジプト議会は2020年8月、性暴力被害者の身元を秘匿する法案を可決しました。

UAE当局は2020年11月、これまで起訴を免れたり減刑が認められたりしてきた名誉殺人のケースについて、一般の殺人と同様の厳罰を科す法改正を発表しました。

イスラム教では認められていても近代的価値には反する行為というのは、数多くあります。しかしそれらが国の法で禁じられれば、それらが実践されにくくなることが期待されます。

拙著『イスラム2・0』で論じたように、インターネットの普及に伴い誰もが直接啓示にアクセスできるようになった現在、一般のイスラム教徒が原理主義化するという「イスラム2・0」現象が世界的に進行しています。いまや当局が教義と矛盾する法を作ろうとすると、「反イスラムだ!」と大反発するのは一般のイスラム教徒です。

政治権力者がこうした「民意」に配慮すれば、政治も社会もイスラム化が進み、女性や異教徒の人権侵害が深刻化する可能性があります。

一方エジプトのように女性や異教徒の人権擁護に舵を切った国は、その「反イスラム性」を相殺するかの如く、ＬＧＢＴや棄教者、冒瀆者への取締りを強化する傾向も見られます。女性や異教徒の人権擁護が即、その国の脱イスラム化、世俗化を意味するわけではありません。イスラム諸国の政治権力者には、原理主義化の進む一般信徒の合意をとりつけつつ、国益のために部分的な脱イスラム化をすすめるという絶妙なバランス感覚が求められているのが実情です。

イスラエルとアラブ諸国の国交正常化がもたらすもの

第五に理解すべきは、イスラエルとＵＡＥ、バーレーンが２０２０年９月に国交正常化条約に調印したことで、長く膠着状態に陥っていた中東和平が一歩大きく前進したという事実です。アラブ諸国はこれまで、パレスチナには国家樹立の正当な権利があるという「パレスチナの大義」を重視し、「占領者」イスラエルとの外交関係構築を拒絶してきましたが、米トランプ大統領はパレスチナを介入させないというかつてないやり方で和平を仲介しました。この合意は、預言者アブラハムという共通のルーツを有する二つの宗教の和解という意味で、「アブラハム合意」と名づけられました。その後、スーダンとモロッコもイスラエルとの国交正常化を決定、他にも複数のアラブ諸国がこれに続くと見られています。

これはイスラム主義との決別宣言でもあります。イスラム教による世界征服を標榜するイスラム主義者は多くの場合、イスラエルを殲滅《せんめつ》しエルサレムを支配することを短期的目標と定めます。イスラム諸国がイスラエルを国家として承認したのは、イスラム主義を否定し、イスラム教による世界征服ではなく中東、ひいては世界全体の安定と和平を選択したことの証です。

1979年にアラブ諸国として初めてイスラエルと国交を樹立したエジプトの現大統領であるシシは2019年12月、「イスラム主義が権力の座を狙い続ける限り中東の不安定化は続く、エジプトはそれを決して許さない」と述べました。イスラエルとUAEの国交正常化を受け、「中東に平和をもたらす」と真っ先に祝福のコメントを送ったのも、シシ大統領です。

さらにこれは、根強い反ユダヤ主義との決別宣言でもあります。イスラム教徒の中には、ユダヤ人に対する嫌悪や敵意とともに、イスラム教徒が抑圧されているのは悪しきユダヤ人が世界を支配しているからだというユダヤ陰謀論も深く根付いています。

ところがアブラハム合意後、UAEやバーレーンでは国家レベルだけではなく一般の人々も、反ユダヤ主義や異教徒に対する憎悪や敵意を捨て、新しい時代を切り拓こうというメッセージを発信し始めました。イスラエルとの間ではビザなし渡航が決定され、定期便の運行が開始されただけでなく、経済や金融、学術研究、エンターテインメントなどあらゆる分野における協力がすでに始まっています。

激しい口調でユダヤ人を罵ることで知られてきたサウジアラビアのイスラム教指導者アブドゥッラフマン・スダイスも9月、預言者ムハンマドはユダヤ人に対し友好的に接したと強調し、イスラム教徒はユダヤ人に「激しい感情や火のような熱狂」を向けるべきでないと説教しました。イスラム教指導者のユダヤ人に対する論調がこれほど好転したことは、過去にありません。

イスラム教の教義では、人間が『コーラン』やハディースから反ユダヤ的な啓示を削除したり変更したりすることは認められません。しかし各国当局が、ユダヤ人に対するヘイトスピーチを規制することはできます。反ユダヤ的記述を教科書から削除したり、学校で異教徒との平和的共存を教えたりすることもできます。UAEはすでにそれを実践し始めています。

「アブラハム合意」を歓迎しないのは誰か

一方、アラブ諸国とイスラエルとの国交正常化について、「パレスチナを裏切った」「パレスチナを後ろから刺した」と激しく非難している国や組織もあります。これまでアラブ諸国から多額の資金援助を得てきたパレスチナ自治政府、イスラエル殲滅を目指し無差別テロ攻撃を続けるハマスやイスラミック・ジハードといったイスラム過激派組織、それらに資金援助し毎週「イスラエルに死を！」と気勢を上げるイラン、エルサレムを支配下に置こうと画策するトルコなどです。トルコのエルドアン大統領は2020年10月には、「エルサレムはオスマン帝国によって建設されたので、我々の町だ」と宣言しました。

しかしアブラハム合意に参加したアラブ諸国のうち、「パレスチナの大義」を捨てるなどと宣言した国はひとつもありません。彼らはイスラエルと外交関係を構築することで、パレスチナ国家建設に向けさらに尽力すると強調しています。現に1979年にイスラエルと国交正常化したエジプトは、最も積極的に「パレスチナの大義」に貢献している国のひとつです。イスラエルと国交正常化した国は「パレスチナを裏切った」というのは、こうした事実を無視した感情的な罵りに過ぎません。

そして残念ながら、日本のイスラム研究者が与したのもこちらの「アブラハム合意反対派陣営」です。慶應義塾大学准教授の錦田愛子は当該国交正常化について、「UAE・イスラエル和平合意の実現　捨て去られた『アラブの大義』」という論考で、「中東が平和な状態に向かうことを意味しない」と述べて成果の一切を否定し、「大規模な抗議運動を起こせる力が、パレスチナの民衆の間にはもはや残っていないかもしれない」と述べました。

千葉大学教授の酒井啓子も「UAE・イスラエル和平合意は中東に何をもたらすのか?・」で、

れました。

「オスロ合意の時のように『すわ、ノーベル平和賞?・』というほど、全世界が絶賛、というのには程遠い」とアブラハム合意を過小評価しましたが、その後、国交正常化を仲介した米トランプ大統領とイスラエルのネタニヤフ首相が立て続けにノーベル平和賞の候補に挙げられました。

高橋和夫は2020年8月、ABC放送「正義のミカタ」に出演し、「浮かれる仲介役トランプ大統領、しかし中東に真の平和はこない」とフリップを出し、トランプ大統領について「ヒットを打っただけなのに、逆転満塁ホームランを打ったような顔をしているのが僕は気に入らないんですよ」と個人的な不満をあらわにし、パレスチナ国家樹立なしには真の平和は来ないと断言しました。

さらに「悪い人と悪いお金はみんなUAEに入ってくる」「UAEやバーレーンはモルモット、アドバルーンであげてるんですよ」と両国を見下し、「だからやっぱり、もうパレスチナ国家樹立できないのかなって絶望すると、テロとか起こるじゃないですか」と視聴者の不安を煽りました。さらに日本はどうすればいいかという質問に対し、「とりあえず11月3日に（大統領選挙で）トランプさんが負けるのを祈るしかない」と述べました。

中田考は「UAEとイスラエルの和平など何の意味もない」とツイートし、「元々アラブとイスラエルの対立などただの目眩《めくらま》しにすぎない」とその無意味さを強調しました。

内藤正典は「トランプ自画自賛のイスラエルとUAEの国交正常化。中東和平への第一歩という見立て見当違い」「パレスチナの人々の絶望と閉塞感を無視するなら世界に平和は訪れないだろう」とツイートしました。

アブラハム合意の締結については、日本をはじめとする多くの国がこれを公式に祝福しました。

ところが日本のイスラム研究者は違います。彼らは日頃「中東和平を実現させよ」と主張してはいるものの、アメリカとイスラエルを罵倒し、反米、反イスラエル組織や国家を称えるのが「既定路線」なので、アメリカの仲介によってイスラエルとイスラム諸国が和解し、中東和平など実現されては困るのです。

だからアブラハム合意で目に見えて和平が実現されているにもかかわらず、その事実を否定し、こんなものに意味はない、真の和平など訪れないと嘯《うそぶ》き、「テロが増える」と人々を脅すことしかできないのです。

彼らは2018年、トランプ大統領が在イスラエルの米大使館をテルアビブからエルサレムに移転し、エルサレムをイスラエルの首都と認めた際にも、「テロが増える」と脅しました。しかしこれもウソです。

慶應義塾大学教授の田中浩一郎は2020年11月、NHK「数字で語るトランプ大統領と中東」のインタビューで、トランプ政権下に中東の分裂は「かつてない規模」となり「親米同盟に入っていない、そこからはじき出されている国々は何らかの対抗手段を考えるようになる。それは軍拡競争ということかもしれないし、極端な言い方をすれば核開発の競争みたいなものになるかもしれない。だから刺激だけはたくさん残してきた。いつ炸裂するかわからない地雷を、そこらへんに撒いていった」と視聴者を脅しました。

しかし中東の分裂、治安悪化が「かつてない規模」になったのはむしろ、トランプの前任であるオバマ政権下でのことです。

2020年11月に公開された世界テロ指数によると、世界におけるテロによる死者数は「アラブの春」が発生した2011年から増加し始め、「イスラム国」がカリフ制国家樹立を宣言した2014年に3万3438人とピークを迎えたあと減少に転じ、2019年には1万3826人になりました。

世界の中でもテロによる死者数が最も減少したのは中東・北アフリカ諸国であり、2017年には4993人だったのが2019年には718人となり、2003年以来最も少なくなりました。テロ組織が乱立しテロが急増したオバマ時代と比較し、トランプ時代の中東で治安状況が顕著に改善したのは歴然としています。

日本で、アブラハム合意をはじめとするトランプの中東政策全般を肯定的に評価する専門家は、私以外ほとんど誰もいませんでした。「イスラムは平和の宗教」ではなく、世界征服を目指す政治イデオロギーなのだという事実を指摘する専門家も、私以外にはほとんどいません。イスラム研究者たちはひたすら事実から目を逸らし、「テロが増える」「核開発競争が起こる」などと吹聴して、一般の人々を怖がらせるための印象操作に明け暮れているだけです。

日本のイスラム研究者とメディアが広めたウソからの脱却を

イスラム教は政治イデオロギーだからこそ、政治や社会からイスラム主義を排除していかなければならないというのは、多くのイスラム諸国における「常識」です。イスラム諸国がイスラム主義を許せば、行き着く先はイランであり「イスラム国」だからです。

私の主張は日本では奇異と受け止められますが、自国を、そして世界をイランや「イスラム国」のようにしてはならないと信じる多くのイスラム諸国においては、極めて常識的なものとして受け止められます。

私が他のイスラム研究者とは異なり、イスラム教を絶賛したり擁護したりしないからといって、私のことを「イスラム教へのヘイトを煽っている」「差別主義者だ」などと中傷する人は、イスラム擁護論を唱えることで既得権益を保持している人か、イスラム教に理解あるふりをすることでリベラル知識人を装いたい人か、日本をイランや「イスラム国」のようにしたい人です。彼らは日本の国益や日本人の利益のことなど、一切考慮してはいないのです。

私たちは自分自身、そして日本という国の今と未来のために、日本のイスラム研究者とメディアが広めてきたウソの呪縛から脱却しなければなりません。そしてイスラム教を客観的に理解し、国内では日本の法と文化を尊重するイスラム教徒と、国外ではイスラム主義を退け、宗教の違いを乗り越え、世界の平和と安定を構築しようとするイスラム諸国と連携すべきです。

私は日本で生まれ育った日本人として、日本が伝統文化の喪失と国家崩壊を免れ、日本の独自性を保ったままグローバル化と多様性の時代を生き抜くことを願ってやみません。

Tabari, Ibn Jabir al-, *Tafsir al-Tabari: Al-Musamma Jami' al-Bayan fi Tawil al-Quran.* 13vols., Beirut: Dar al-Kutub al-Ilmiyya, 1997.

Taguieff, Pierre-André, *L'imposture décoloniale: Science imaginaire et pseudo-antiracisme.* Éditions de l'Observatoire, 2020.

Taguieff, Pierre-André, *La Nouvelle judéophobie.* Fayard/Mille et une nuits , 2002.

Tawhidi, Mohammad, *The Tragedy of Islam: Admissions of a Muslim Imam.* Reason Books, 2018.

Wasti, Tahir, *The Application of Islamic Criminal Law in Pakistan: Sharia in Practice.* Brill, 2009.

Ye'or, Bat, *The Dhimmi: Jews and Christians under Islam.* Madison, NJ: Fairleigh Dickinson University Press, 1985.

Ye'or, Bat, *Islam and Dhimmitude.* New Jersey: Fairleigh Dickinson University Press, 2002.

Zeidan, David, "The Copts-Equal, Protected or Persecuted? The Impact of Islamization on Muslim-Christian Relations in Modern Egypt," *Islam and Christian-Muslim Relations* 10, no. 1, 1999.

Nawaz, Maajid, *Radical: My Journey out of Islamist Extremism.* WH Allen, 2012.

Obin, Jean-Pierre, *Comment on a laissé l'islamisme pénétrer l'école*. Hermann, 2020.

Peters, Rudolph, *Jihad in Classical and Modern Islam.* Princeton: Marcus Wiener Publishers, 1996.

Phares, Walid, *The Lost Spring: U.S. Policy in the Mideast and Catastrophes to Avoid.* St. Martin's Press, 2014.

Pipes, Daniel and Chadha, Sharon, "CAIR: Islamists Fooling the Establishment," *Middle East Quarterly,* Spring 2006.

Quiggin, Thomas and Gora, Tahir, et. al., *SUBMISSION: The Danger of Political Islam to Canada.* Canadian Centre for the Study of Extremism, 2017.

Qaradawi, Yusuf al-., *Fiqh al-Jihad.* Cairo: Maktabat Wahbah, 2009.

Qutb, Sayyid, *Maalim fi al-Tariq.* Cairo and Beirut: Dar al-Shuruq, 1982.

Ramadan Buti, M. S., *Fiqh al-Sira al-Nabawiyya.* Damascus: Dar al-Fikr, 2011.

Ricchiardi, Sherry, "The Al Jazeera Effect," *American Journalism Review.* March-April 2011.

Rosenfeld, Alvin H. (ed.), *Deciphering the New Antisemitism.* Indiana University Press, 2015.

Rougier, Bernard (ed.), *Les territoires conquis de l'islamisme.* Presses universitaires de France, 2020.

Rubin, Barry and Rubin, Judith Colp, *Anti-American Terrorism and the Middle East.* Oxford University Press, 2002.

Sharlach, Lisa, "Veil and Four Walls: A State of Terror in Pakistan," *Critical Studies on Terrorism,* Vol. 1, 2008.

Stillman, Norman, *The Jews of Arab Lands: A History and Source Book.* Philadelphia: Jewish Publication Society of America, 1979.

Streusand, Douglas E., "What Does Jihad Mean?" *Middle East Quarterly* 4, no. 3, 1997.

Kepel, Gilles, *Le Prophéte et Pharaon: Les mouvements islamistes dans l'Égypte contemporaine.* Paris: La Découverte, 1984.

Kepel, Gilles, *Terreur dans l'Hexagone, Genése du djihad français.* Paris: Gallimard, 2015.

Kerrou, Mohamed, *Hijâb: Nouveaux voiles et espaces publics.* Tunis: Ceres Editions, 2010.

Khadduri, Majid, *War and Peace in the Law of Islam.* Baltimore: John Hopkins University Press, 1955.

Kressel, Neil J., *The Sons of Apes and Pigs: Muslim Antisemitism and the Conspiracy of Silence.* University of Nebraska Press, 2012.

Lee, Maryam, *Unveiling Choice.* Selangor: Gerakbudaya Enterprise, 2019.

Levy, Bernard-Henri, *Left in Dark Times: A Stand Against the New Barbarism.* Random House Trade Paperbacks, 2009.

Levy, Reuben, *The Social Structure of Islam.* Cambridge University Press, 1969.

Lewis, Bernard, *The Jews of Islam.* Princeton: Princeton University Press, 1984.

Lewis, Bernard, *The Political Language of Islam.* Chicago: University of Chicago Press, 1988.

Maududi, Abu Ala, *Jihad in Islam.* Beirut: Dar al-Quran al-Karim, 1980.

Memmi, Albert, *Juifs et Arabes.* Paris: Gallimard, 1974.

Memmi, Albert, *Portrait du colonisé, précédé du portrait du colonisateur.* Paris: Buchet/Chastel, 1957.

Mohammed, Yasmine, *Unveiled: How Western Liberals Empower Radical Islam.* Free Hearts Free Minds, 2019.

Muhammad b. Yaqub al-Fayruz, *Tanwir al-Miqbas min Tafsir Ibn Abbas.* Beirut: Dar al-Kutub al-Ilmiyya, 1992.

Muhammad Qasim Zaman, *Modern Islamic Thought in a Radical Age: Religious Authority and Internal Criticism.* Cambridge University Press, 2012.

Naiem, Girgis, *Egypt's Identities in Conflict: The Political and Religious Landscape of Copts and Muslims.* McFarland Publishing, 2018.

Fourquet, Jérôme, “Le tchador n'a pas encore dit son dernier mot,” *Le Point*, 18/09/2019.
https://www.lepoint.fr/societe/exclusif-jerome-fourquet-le-tchador-n-a-pas-encore-dit-son-dernier-mot-18-09-2019-2336481_23.php（2020 年 11 月 22 日）

Gabriel, Theodore and Rabiha Hannan（ed.）*Islam and the Veil: Theoretical and Regional Contexts.* Bloomsbury Academic, 2012.

Ghamari-Tabrizi, Behrooz, *Foucault in Iran: Islamic Revolution after the Enlightenment.* Univ Of Minnesota Press, 2016.

Hollander, Paul, *From Benito Mussolini to Hugo Chavez: Intellectuals and a Century of Political Hero Worship.* Cambridge University Press, 2016.

Horowitz, David, *Unholy Alliance: Radical Islam And the American Left.* Regnery Pub, 2004.

Hossain, Sara and Welchman, Lynn, *'Honour': Crimes, Paradigms and Violence Against Women.* Zed Books, 2005.

Ibn Hazm, *Al-Muhalla.* Beirut: Dar al-Afaq al-Jadida, 1983.

Ibn Kathir, *Tafsir ibn Kathir.* Riyadh: Dar al-Salam, 2000.

Ibn Maja, *Sunan.* https://sunnah.com/ibnmajah（2020 年 11 月 22 日）

Ibn Qudama, *Al-Mughni.* Cairo: Dar al-Basair, n. d.

Ibn Taymiyya, *Al-Furqan bayna Awliya al-Rahman wa Awliya al-Shaytan.* Beirut: Dar al-Kitab al-Arabi, 2006.

Ibn Taymiyya, *Al-Siyasa al-Shariyya.* Beirut: Dar Ibn Hazm, 2003.

Ibn Taymiyya, *Fatawa b. Taymiyya.* 37 vols., Riyadh, 1995.

Ibrahim, Raymond, *Sword and Scimitar: Fourteen Centuries of War between Islam and the West.* Da Capo Press, 2018.

Irfan, Hannah（2008）, “Honor Related Violence Against Women in Pakistan,” World Justice Forum, Vienna July 2-5, 2008.

Ispahani, Farahnaz, *Purifying the Land of the Pure: A History of Pakistan's Religious Minorities.* Oxford University Press, 2017.

Jalal al-Din al-Mahalli and Jalal al-Din al-Suyuti, *Tafsir al-Jalalayn.*
https://www.altafsir.com/Al-Jalalayn.asp （2020 年 11 月 22 日）

Awa, Mohamed S. El-, *Punishment in Islamic Law.* American Trust Publications, 1993.

Banna, Hasan al-., *Rasail al-Imam Hasan al-Banna.* Beirut: al-Mu'assasa al-Islamiyya, 1984.

Bardot, Brigitte, *Le carré de Pluton.* Grasset, 1999.

Bardot, Brigitte, *Un cri dans le silence.* Editions du Rocher, 2003.

Barlas, Asma, *Believing Women in Islam: Unreading Patriarchal Interpretations of the Quran.* University of Texas Press, 2002.

Bayhaqi, *Al-Sunan al-Kubra.* Beirut: Dar al-Kutub al-Ilmiyya, 2003.

Björkman, Ingrid and Elfverson, Jan et. al., *Exit Folkhemssverige: En samhällsmodells sönderfall.* Torsby/Cruz del Sur, 2005.

Bruckner, Pascal, *La tyrannie de la pénitence : Essai sur le masochisme occidental.* Grasset, 2006.

Bukhari, *Sahih.* https://sunnah.com/bukhari（2020年11月22日）

Chesler, Phyllis, *A Family Conspiracy: Honor Killing.* World Encounter Institute/ New English Review Press, London, 2018.

Chesler, Phyllis, "Worldwide Trends in Honor Killings," *Middle East Quarterly,* Spring 2010.

Collins, Patricia Hill and Bilge, Sirma, *Intersectionality.* Polity, 2020.

Cook, David, *Understanding Jihad.* Berkeley: University of California Press, 2005.

Daum, Meghan, *The Problem with Everything: My Journey Through the New Culture Wars.* Gallery Books, 2019.

Devers, Lindsey and Bacon, Sarah, "Interpreting Honor Crimes: The Institutional Disregard Towards Female Victims of Family Violence in the Middle East," *International Journal of Criminology and Sociological Theory,* Vol. 3, No. 1, 2010.

Fallaci, Oriana, *The Rage and the Pride.* Rizzoli, 2002.

Fatah, Tarek, *The Jew is Not My Enemy: Unveiling the Myths that Fuel Muslim Anti-Semitism.* McClelland & Stewart, 2010.

橋爪大三郎「イスラム教とは何だろうか」The Page, 2015 年 2 月
https://news.yahoo.co.jp/articles/e675cd2e868a8607f7895eeccb533a4062573b20
（2020 年 11 月 22 日）

橋爪大三郎『世界は宗教で動いてる』光文社新書 , 2013 年

文藝春秋編『文藝春秋オピニオン　2020 年の論点 100』文藝春秋 , 2019 年

保坂修司「イスラムとメディア―過激主義と「過激」のイメージ―」笹川平和財団主催「日本におけるイスラム理解の促進」講演会シリーズ , 2019 年 11 月
https://www.spf.org/global-data/user63/Islam_japan_islamseminer_3text.pdf（2020 年 11 月 22 日）

宮田律「いまのきもち」プロフェッショナル談 , 2015 年 2 月
https://www.pro-dan.net/theme.php?id=286（2020 年 11 月 22 日）

宮田律『イスラムの人はなぜ日本を尊敬するのか』新潮新書 , 2013 年

宮田律『現代イスラムの潮流』集英社新書 , 2001 年

山岸智子「イスラームの情報を『いらないボックス』に入れ続けていて良いの？」Meiji. net, 2018 年 4 月
https://www.meiji.net/international/vol183_tomoko-yamagishi（2020 年 11 月 22 日）

ユペチカ『サトコとナダ』星海社 COMICS, 2017 年

吉村作治『イスラム教徒の頭の中』CCC メディアハウス , 2017 年

Abou El Fadl, Khaled, *The Great Theft: Wrestling Islam from the Extremists.* San Francisco: HarperOne, 2005.

Alam, Sarwar, *Perceptions of Self, Power and Gender Among Muslim Women: Narratives from a Rural Community in Bangladesh.* Palgrave Macmillan, 2018.

Alinejad, Masih, *The Wind in My Hair: My Fight for Freedom in Modern Iran.* Little, Brown and Company, 2018.

Altunbas, Yener and Thornton, John, "Are Homegrown Islamic Terrorists Different? Some UK Evidence," *Southern Economic Journal,* Vol. 78, No. 2（October 2011）.

[参考文献]

田中浩一郎「数字で語るトランプ大統領と中東」(インタビュー) NHK, 2020 年 11 月
https://www3.nhk.or.jp/news/special/new-middle-east/trump-era-middle-east/
(2020 年 11 月 30 日)

出口治明『哲学と宗教全史』ダイヤモンド社 , 2019 年

常見藤代『イスラム流 幸せな生き方』光文社 , 2018 年

内藤正典『イスラム戦争』集英社新書 , 2015 年

内藤正典『となりのイスラム』ミシマ社 , 2016 年

中田敦彦「宗教と聖地エルサレムを巡るパレスチナ問題」YouTube, 2019 年 9 月
https://www.youtube.com/watch?v=AwxAnh_uHTQ&t=63s (2020 年 11 月 22 日)

中田敦彦「イスラム教を分かりやすく解説してみた」YouTube, 2019 年 4 月
https://youtu.be/mIJLIblvnTg (2019 年 12 月 16 日)
※ 2019 年 12 月 18 日以降非公開

中田考・飯山陽『イスラームの論理と倫理』晶文社 , 2020 年

中田考・橋爪大三郎『一神教と戦争』集英社新書 , 2018 年

中田考『イスラーム　生と死と聖戦』集英社新書 , 2015 年

中田考「『イスラーム世界』とジハード」, 湯川武編『講座イスラーム世界5イスラーム国家の理念と現実』栄光教育文化研究所 , 1995 年

中田考「イスラームの世界観と宗教対話」関西学院大学キリスト教と文化研究センター(編)『民と神と神々と』関西学院大学出版会 , 2004 年

中田考「イスラム教徒は、好戦的でも排他的でもない」東洋経済オンライン , 2015 年 3 月
https://toyokeizai.net/articles/-/64017 (2020 年 11 月 22 日)

中田考『13 歳からの世界征服』百万年書房 , 2019 年

錦田愛子「UAE・イスラエル和平合意の実現――捨て去られた『アラブの大義』」ニューズウィーク日本版 , 2020 年 8 月
https://www.newsweekjapan.jp/stories/world/2020/08/uae-5.php
(2020 年 11 月 22 日)

臼杵陽「日米における中東イスラーム地域研究の『危機』」『地域研究』Vol. 7, No. 1, 2005 年

太田光・中沢新一『憲法九条を世界遺産に』集英社新書 , 2006 年

奥田敦「『アッラーを立法者とする法（シャリーア）』からヨーロッパ近代法への問い：ジハードをめぐって」SYNODOS, 2014 年 4 月
https://synodos.jp/international/7030（2020 年 10 月 14 日）

奥田敦「イスラム教ってテロの宗教?イスラム過激派にマジギレする賢者ちゃん【賢者ちゃん #6 奥田敦教授】」
https://www.youtube.com/watch?v=L0czRu5WxiE　（2020 年 11 月 22 日）

外務省「イスラム研究会」報告書
https://www.mofa.go.jp/mofaj/area/islam/islam_12.pdf（2020 年 10 月 14 日）

片倉もとこ『イスラームの日常生活』岩波新書 , 1991 年

小杉泰『イスラーム帝国のジハード』講談社 , 2006 年

小杉泰『イスラームとは何か』講談社現代新書 , 1994 年

後藤明『メッカ　イスラームの都市社会』中公新書 , 1991 年

酒井啓子「UAE・イスラエル和平合意は中東に何をもたらすのか?」ニューズウィーク日本版 , 2020 年 8 月
https://www.newsweekjapan.jp/sakai/2020/08/uae.php（2020 年 11 月 22 日）

笹川平和財団編『アジアに生きるイスラーム』イースト・プレス , 2018 年

塩尻和子「イスラームの教義は暴力を容認するのか（2）」『中東協力センターニュース』30 巻 2 号 , 2005 年

塩尻和子「日本のイスラーモフォビア」IIET 通信 52 号 , 東京国際大学国際交流研究所 , 2019 年

末近浩太『イスラーム主義』岩波新書 , 2018 年

鈴木董『オスマン帝国　イスラム世界の「柔らかい専制」』講談社現代新書 , 1992 年

高橋和夫『イスラム国の野望』幻冬舎新書 , 2015 年

参考文献

ウェルベック, ミシェル『服従』河出書房新社 , 2015 年

ガブリエル, マルクス『世界史の針が巻き戻るとき』PHP 新書 , 2020 年

クルトワ, ステファン『共産主義黒書〈ソ連篇〉』ちくま学芸文庫 , 2016 年

マイルズ, ヒュー『アルジャジーラ』光文社 , 2005 年

マレー, ダグラス『西洋の自死』東洋経済新報社 , 2018 年

アリソン, グラハム『リー・クアンユー、世界を語る』サンマーク出版、2013 年

飯塚正人「どうしてイスラーム教はわかりにくいの?」東進 SEKAI http://toshin-sekai.com/interview/17/ （2020 年 11 月 22 日）

飯山陽『イスラム教の論理』新潮新書 , 2018 年

飯山陽『イスラム 2.0』河出新書 , 2019 年

池内恵『現代アラブの社会思想』講談社現代新書 , 2002 年

池上彰『池上彰の世界の見方　中東』小学館 , 2017 年

池上彰『考える力がつく本』プレジデント社 , 2016 年

池上彰『高校生からわかるイスラム世界』集英社 , 2010 年

池上彰『知らないと恥をかく世界の大問題 7』角川新書 , 2016 年

池上彰『知らないと恥をかく世界の大問題 8』角川新書 , 2017 年

板垣雄三『石の叫びに耳を澄ます』平凡社 , 1992 年

板垣雄三「イスラム国による邦人殺害予告事件、その背景に日本とイスラエルとのかつてない異常接近」IWJ インタビュー , 2015 年 1 月 https://iwj.co.jp/wj/open/archives/227261（2020 年 11 月 22 日）

板垣雄三『イスラーム誤認』岩波書店 , 2003 年

板垣雄三『歴史の現在と地域学』岩波書店 , 1992 年

板垣雄三監修『イスラームがよくわかる Q&A100』亜紀書房 , 1998 年

井上達夫『共生の作法』創文社 , 1986 年

井筒俊彦『イスラーム文化』岩波文庫 , 1991 年

内田樹・中田考『一神教と国家』集英社新書 , 2014 年

飯山 陽（いいやま・あかり）
1976（昭和51）年東京生まれ。イスラム思想研究者。アラビア語通訳。上智大学文学部史学科卒。東京大学大学院人文社会系研究科アジア文化研究専攻イスラム学専門分野博士課程単位取得退学。博士（文学）。
著書に『イスラム教の論理』（新潮新書）、『イスラム2.0』（河出新書）、『イスラームの論理と倫理』（共著、晶文社）がある。Twitterとnoteで、イスラム世界の最新情報と情勢分析を随時更新中。

扶桑社新書 370

イスラム教再考
18億人が信仰する世界宗教の実相

発行日 2021年 3 月 1 日　初版第1刷発行
2023年 12月 10日　第9刷発行

著　者………飯山 陽
発行者………小池 英彦
発行所………株式会社 育鵬社
〒105-0023 東京都港区芝浦1-1-1 浜松町ビルディング
電話03-6368-8899（編集） http://www.ikuhosha.co.jp/
株式会社 扶桑社
〒105-8070 東京都港区芝浦1-1-1 浜松町ビルディング
電話 03-6368-8891（郵便室）
発　売………株式会社 扶桑社
〒105-8070 東京都港区芝浦1-1-1 浜松町ビルディング
（電話番号は同上）
印刷・製本………株式会社 広済堂ネクスト

Printed in Japan　ISBN 978-4-594-08736-4

本書のご感想を育鵬社宛てにお手紙、Eメールでお寄せ下さい。
Eメールアドレス　info@ikuhosha.co.jp